英語論文の
INPUTからOUTPUTへ

小野俊太郎
Shuntaro Ono

松柏社

目次

はじめに 「英語論文の世界に参加しよう」 ……………… 4

第1章 「英語論文とは何か」 …………………………… 11
1-1 これが英語論文のメリット ……………… 13
1-2 英語論文の体裁を見分ける ……………… 24
1-3 すばやく英語論文の型を探す …………… 39

第2章 「英語論文を実際に読むには」 ………………… 47
2-1 受験英語の知識を使いまくる …………… 49
2-2 題名からキーワードを探す ……………… 58
2-3 要点をすばやくキャッチする …………… 71
2-4 パラグラフに気をつける ………………… 81
2-5 手早いチャート化を実践する …………… 87

第3章 「英語論文を上手に歩くには」 ………………… 97
3-1 読みながら問いを投げる ………………… 99
3-2 データを取り出して読む …………………109
3-3 注や索引を積極的に利用する ……………123
3-4 書評などで周辺情報を入手する …………134

第4章 「自分の意見を＜発明＞するには」 ……………143
4-1 別の論とつなげてみる ……………………145

4－2　説明モデルや理論を探す ……………154
4－3　難解な論文にも慣れる ………………170
4－4　わざと論文を誤読してみる …………180

第5章　「インプットからアウトプットへ」……………189
5－1　アイディアの作り方 …………………191
5－2　論文作成作業の流れ …………………202
5－3　魅力的にするには ……………………210

おわりに「英語論文の大海に乗り出そう」……………225

あとがき …………………………………………………228

はじめに 「英語論文の世界に参加しよう」

【英語論文で困っている人に】

　日本の大学の文系学部や大学院では，英語論文を読むのが日常的でしょう（じつは理系でも英語論文なのですが）。レポートや論文を日本語で執筆する時も，英語論文を参照することが少なくないはずです。ましてや，世界に向けて発信するなら，英語は学問研究の「事実上の標準（de facto standard）」です。

　もちろん，独仏語などで書かれた学会誌もありますが，英語のものが圧倒的に数が多いのです。しかも対象領域も広大です。英米文学や文化関係だけでなく，人文社会科学系のほとんどの分野が含まれます。哲学，歴史学，心理学，社会学，言語学，法学，政治学，経済学，経営学など。また東アジア研究の雑誌にはすぐれた日本研究の論文の掲載も増えてきました。英語論文が理解できたら，それだけ参照範囲が増えるわけです。

　とはいえ，あからさまに口に出せなくても，英語論文は苦手だと思っている人はけっこういます。ある日，いきなり現物を渡されて，さあ読めと命じられます。「どうしろという

んだよ」と文句を言いたくなるでしょう。翻訳があれば楽なのにとぼやきながら，たいていは単語の意味を辞書で引いただけで，それも徹夜で間に合わせるのです。どんな練習をすれば効果的に読めるのかもわからずに，よけいな時間をかけて苦しんできた人は多いでしょう。

英語論文対策に悩んでいる人を応援するツールとしてこの本を書きました。英語論文を正確に，しかも自分に役立つように効果的に読む「インプット」の技術を示します。ですから，英語論文の書式や表記を説明するものではありません。ずばり，読んで書く時の心構えや目のつけどころの説明です。技術的な「方法論（methodology）」の開示と言ってもいいでしょう。

【なぜインプットを効率化するのか】

受験英語の実力と英語論文を読む力は重なります。しかしながら，要求されているポイントが違います。英語論文はどれも前提となる背景知識や先人の論文とのつながりをもっています。引用やデータがたくさん載っています。論理的な議論の展開が重視されます。そうした内容を自力で読みとり，論点を整理しなくてはなりません。さらに，読んだ論文の疑問点や自分の意見を出せ，とか言われます。ここまでの要求は受験英語ではなかったことです。

年に英語論文を1本読めばいいのなら，語学の授業対策のように全訳しただけでも，なんとか処理できます。あるいは，誰かが翻訳するのを待つのもひとつの手かもしれません。し

かしながら，現在は3つの理由から，英語論文を読む方法を意識的に磨かないと，学問研究の先端に追いつけないのです。それがインプットの効率化を進めるべき理由なのです。

第1の理由は，大量に英語論文が発表されていること。単行本や雑誌の出版点数は驚くべきほどです。この情報の大海を乗りきる必要があります。ここ20年くらいで，論文の生産状況は大きく変わりました。新しい雑誌もたくさん創刊されています。また，厄介なことに，初学者は過去の重要論文も読まなくてはならず，目を通すべき分量は急速に増大しています。さらに，最近ではインターネット上にもいろいろな成果が載ります。

第2の理由は，論文が相互に複雑につながっているのです。ひとつの論文だけを素朴に読んでいても，自分の「常識」だけでは価値が判断できません。論文の内容読解に加え，学問の流れのなかで，どんなねらいをもつ内容かを見抜く必要があります。他の論文とつなげて「文脈（context）」をつくり，その論文が果たす役割を推測しなくてはなりません。

第3の理由は，研究の枠組が大きく変化して，「学際的研究（interdisciplinary study）」が広がっているからです。論文中に援用された他領域の論文もある程度読まないと，価値が判断出来ないこともあります。専門領域だけの狭い視野では，総合的な判定がむずかしいのです。どうしても，いろいろな論文を読まないとなりません。

こうした3つの理由が示すのは，ひとつひとつの論文を速読し，結果として多読する力が不可欠という状況です。

【本書の構成】

ここで，本書の構成を簡単に述べておきます。

本書の手順は次の通りです。「論文とは何か」，「どの点に気をつけて読むのか」，「自分の意見を見つけるための工夫」，「材料を新しい論文に結びつける」という4段階をおさえることです。論文をインプットし，考えを練りあげ，アウトプットする一連の流れに他なりません。

第1章は，英語論文とはどういうものか，その特徴を述べています。論文の形態や型による形式的な識別方法や注意点です。すでに分かっていると思う人は，第2章以下を先に読んでください。でも，最後に第1章にもどって読んでください。

第2章は，論文をすばやく理解するコツを並べています。受験英語の知識を応用し，ポイントを探し出し，全体をチャート化するテクニックを述べています。最後に実践もあります。

第3章は，問いかけながら深く読む方法です。そのために，注や索引あるいは書評の利用方法を述べてあります。周辺から固めながら読むためのテクニックがあります。

第4章は，自分にとって大切な意見を「発明」する方法を述べてあります。自分のこだわりや新しい関係の発見につながる手法です。難解な論文の読み方や，生産的な誤読の方法まであげておきました。

第5章では，インプットからアウトプットへと向かうヒントを取りあげます。アイディアの見つけ方や作業仮説の利用法などです。きちんとした発想法や作業手順を守ることで，

相手に伝わる説得力が論文に与えられます。書式や体裁はあとで気をつければいいのです。もちろん，この部分は日本語で論文を書く参考にもなるはずです。

第4章までは，引用英文の大半に訳をつけてあります。ただし第5章は英文だけです。実力養成のつもりで読んでみてください。

書く上での参考文献の情報は，コラムとして適宜挿入しておきました。扱っているのは日本語文献なので，英語のよりは読みやすいはずです。おおいに利用してください。

【扱った論文について】

この本で主に扱うのは，ここ数年の間に発表された英語論文と90年代に出された単行本です。鮮度のよい新作で現在の英語論文の海を実感してもらいたいのです。議論の渦中にあって評価が定まっていない論文もありますが，その評価を決めるのは，読んでいる皆さんも含めた今後の研究者たちの手にゆだねられています。

もちろん，論文の実物を脇に置いて読んだほうが，説明内容がよく分かるでしょう。雑誌論文は，あちこちの大学に所蔵されている雑誌から採用してあります。探すのはそれほど難しくないと思います。ちなみに，私が使用したのは，成蹊大学，成城大学，大東文化大学の図書館が所蔵する雑誌ですので，このどれかの大学には確実にあります。

おもしろそうだと思っても，自分の大学になければ，図書の「大学間貸借」や「ライブラリーローン（interlibrary

roan)」や雑誌論文のコピーをとり寄せる制度があります。図書館の司書や研究室の助手の方に利用法を質問してみましょう。論文や研究書を自力で入手するのも大事な能力です。

　なお，人物名はカタカナに直すと不正確な場合が多いので，そのまま英語表記をしています。それに，英語論文を読むためにも，アリストテレスは Aristotle，デカルト主義は Cartesian といった英語表記に早く慣れてください。

第1章

「英語論文とは何か」

＜1−1＞　これが英語論文のメリット

【英語論文のフォーマット】

　英語論文はひとつの「定式（フォーマット format）」をもっています（ここでは，英語の雑誌論文も単行本の研究書も総称し「英語論文」といいます。また英語や日本語に関わらず共通する内容なら単に「論文」とします）。

　そもそも，論文とは，ある「題目（title）」のもとに，誰かが，何かについて，自分なりの見解や意見を述べたものです。「論者（author）」が，「話題（topic）」や「主題（theme）」について，新しい「見解（argument）」を提出したものです。これは，論文を検索したり言及する際の重要な手がかりとなります。

　この「論者」，「題目」，「主題」，「見解」に加え，雑誌論文なら掲載された「雑誌名（periodical's name）」，単行本なら「出版社名（publisher's name）」の情報が不可欠です。また，発表された「年月（date）」や「巻数（volume number）」も忘れるわけにはいきません。

　論文がこうした一定のフォーマットをもつからこそ，そこで提出された内容の優劣が検討出来るわけです。形式が整っていることが論文を成立させる最低条件です。つまり，この「形式」に早く慣れることが，英語論文の海に潜る近道なのです。

【雑誌論文と単行本】

では実際に,雑誌論文の例をあげて「形式」を見てみましょう。

Ann Douglas
"Periodizing the American Century: Modernism, Postmodernism, and Postcolonialism in the Cold War Context"
[*MODERNISM/Modernity* vol.5 (1998) pp.71-98].

これは,*MODERNISM/Modernity* という雑誌の 1998 年に発行された第 5 巻に載った論文だとわかります。論者は Ann Douglas で,題名もわかっています。このような情報が入手出来れば,図書館で検索するのも簡単です。

もしも,図書館が開架式で雑誌が自由に閲覧出来るところなら自分で探せます。雑誌名を手がかりに,第 5 巻とか 1998 年と背表紙に記載された巻を取り出せば,すぐに見つかります。また,カウンターごしに取り出してもらう閉架式でも,ここまで指定出来れば,司書の人がすぐに探してくれます。

さらに始まるページと総ページ数がわかれば,必要なコピーの枚数も計算出来ます。この場合,奇数ページで始まり,全体が 28 ページですから,もしも見開きの 2 ページを 1 枚のコピーにするとして,15 枚だと計算出来ます(「あれ,14 枚じゃないの?」と思った人は,近くの本を開いて奇数ページ

と偶数ページの関係を確認してください)。

　単行本も同様のフォーマットをもっています。たとえば,次のような本。

Joanne Hollows
Feminism, Femininity and Popular Culture
　(Manchester University Press, 2000).

この場合だと,論者と題名と「マンチェスター大学出版局」という出版社と発行年。どれかを使えば,図書館でデータの検索が出来ます。図書館の蔵書にあるのか,他の研究室や別の大学にあるのかという情報がわかります。いまは検索システムも,大学間をつなぐものがありますから,探してみてください。

　もしも書店に注文する際に,この本の在庫を確認したいなら,カタログなどで「国際標準図書番号」つまり ISBN (International Standard Book Number) を確認します。この本の場合,0-7190-4395-6 でした。「0」は英語圏の印。「7190」は出版社の固有番号。「4395」はこの本の固有番号です。最後の「6」は管理のための無意味な番号です。ISBN は本屋での誤注文を防ぐための情報になっています。

　とにかく,どんなにすごいアイディアや意見をもっていても,論文 (paper) の口頭発表や,雑誌や単行本という活字媒体,またはそれに準ずるホームページへの掲載をしなくては,意見の内容やすごさは相手に伝わりません。他の人があ

とで参照出来ないからです。

　研究上の自分の意見が他人に伝わるには「論文」という体裁が必要なのです。言い換えると、この約束事を守るかぎり、書いた内容の当否は別にして、他人から「論文」として扱ってもらえます。論文には伝達のフォーマットがある。まずは、これを頭に入れましょう。

【論文の 3 つの利点】

　そもそも、私たちが他人の論文を参照する理由は何でしょうか。授業などで先生に読めと言われたから？　レポートや論文を書くのに、権威づけるため偉い人の説が必要だと聞いたから？　他の人がどんな意見をもっているのか不安で知っておきたいから？　直接の理由はいろいろあるかもしれません。

　ただ、いずれにせよ、消極的な理由だけで、論文を読んでもつまらないものです。せっかくですから、自分のねらいをもって論文を読むことにしましょう。きちんとした論文は、私たちが思っている以上に多くのポイントを教えてくれます。

　論文はいくつもの利点をもっています。取りあえず 3 つ考えてみました。

（1）今まで、ある主題にどんな見方が提出されてきたかを教えてくれます。

（2）新しい情報を与えてくれることで、別の著作を読んだ

り，考えるヒントをくれます。

（3）どのように考えを組み立て，推理し，論証するのかという思考方法を教えてくれます。

以下では，この3つの利点に関して具体的に見ていきます。

【過去を教えてくれる】

　第1の利点としては，今までの議論の流れを教えてくれるます。ただし，その過去の議論に関する情報を伝えるのに，論文は限られたスペースの制約から，さまざまな略語を使ったり，注を多用します。必要な情報を一種の暗号として書きつけています。

　たとえば，過去の論文について人名だけで言及します。まるで速記術のようです。

As Charlotte Brunsdon states…
Darendorf (1959) argues…
　(See Arthur Lewis 1979)

どれもが，論拠となる論文を書いた人の名前で示しています。そして，今読んでいる論文の後ろには，論者が使用した文献一覧（works cited, references）があり，そこを参照する必要があるわけです。
　また，注にも，今までの代表的な論文や研究書の名前を羅

列している場合があります。

Paul Fussell, *The Great War and Modern Memory* (New York, 1975); Eric J. Leed, *No Man's Land: Combat and Identity in World War I* (Cambridge, 1979); George L. Mosse, *Fallen Soldiers: Reshaping the Memory of the World Wars* (New York, 1990).

いきなりこんな感じです。第1次世界大戦に関する本が3冊並んでいるだけです。まず3冊を参照せよというわけです。この注は，Ila R. Bet-El の "Men and Soldiers: British Conscripts, Concepts of Masculinity, and the Great War" [in Billie Melman ed. *Borderlines: Genders and Identities in War and Peace 1870-1930* (Routledge, 1998)] という論文についた注8のすべてです。

　困ったことに，論文を読むとさらに読まなくてはならない本や論文が増えます。とにかく「もう，かんべんしてよ」という感じで増殖します。私たちが論文を読んで，最初のうち心理的に抵抗があるのは，わずらわしい表記や決まりによって，大量の文献が紹介されているからなのです。ひとつの論文を読むのだって大変なのに，他にたくさんあるとは，詐欺のようだと嘆きたくなります。

　しかしながら，こうした「文献注」とよばれる注は，過去にどんな意見や議論があったのか，そして論者が参照した根拠を教えてくれます。だから重要なのです。初学者には，邪

魔に見えるこうした注によって、今までの議論や資料の所在が言及され、内容がコンパクトに要約されます。その結果、後に続く者が議論の歴史を簡単にたどれるのです。論者が提出した見解の是非をすぐに検討出来ます。議論の流れを過去にさかのぼり、読者が自分で検証出来るわけです。

　じつは、これこそが、学問における「公平」さを保っているなのです。参照した文献を注であげるのは、権威づけのためではありません。自分の意見がどのような裏づけをもつかの根拠を示し、読者に公平な判断を求めるためなのです。ですから、読者が不備を発見したら、その論文に文句や疑問を投げかける「権利」が発生します。そして、それに基づきお互いの意見の応酬によって、次の新しい議論が展開するのです。

【新しい手がかりを与えてくれる】

　さて、英語論文がもつ第2の利点は、新しい情報や見解を与えてくれることです。トレンドや新傾向といってもいいかもしれません。新しい研究成果や方法論の登場で、議論や関心の流れがまるきり変わることがあります。じつは、学問研究の関心が、去年と同じとは断言出来ません。刻一刻と意見が変化する領域も多いのです。

　次の研究書などは、20年前、いや10年前ですら執筆が考えられなかったアプローチの内容をもっています。

Margot Gayle Backus

The Gothic Family Romance: Heterosexuality, Child Sacrifice, and the Anglo-Irish Colonial Order

(Duke University Press, 1999).

Backus は，どうして，イングランド系のアイルランド作家が，現在にいたるまで，子供が犠牲になったり，悪魔を愛する女が登場する作品を描いたのかという問いをたてます。

アイルランドを植民地化したイングランドへの反発，カトリックとプロテスタントの宗教対立の土壌があります。イングランド系はアイルランドで生まれてもアイルランド人というアイデンティティをもてませんし，植民者側として憎まれます。それでいて，イングランド側からは「外国人」とされるのです。こうした不満のはけ口として，子供や女性を題材にしてきたわけです。ここには，従来の作品論や作家論ではとてもたどりつけない視野の広さがあります。

題名は「ファミリー・ロマンス」という Freud 流の精神分析の用語をふまえています。「ゴシック」つまり現在のホラー小説に言葉をひっかけています。また，家族史などの新しい歴史学，ジェンダーやセクシュアリティに関する研究，さらに，植民地支配後の世界の在り方を探るポストコロニアル批評の影響があります。

現代の英語論文には，「カルチュラル・スタディーズ」という呼ばれ方をする，いろいろなアプローチを大胆に接合する領域があるのです。Backus の場合には，歴史への関心を，

家庭の中の「異性愛」と「コロニアリズム」の問題，さらに「子供」へと広げています。歴史研究で，文学研究であり，さらにはひろくアイルランド問題を考える文化研究ともなっているのです。

今後日本でもこのスタイルの論文が増えていくと思われます。だからこそ，他の領域の論文を読んで，その発想法や成果を採りいれる準備をしておく必要があるのです。実際に読み始めると，処理すべき情報量の多さに圧倒されるでしょう。それは，広大な情報ネットワークの内部で研究する新しい学問のスタイルでもあるからです。

【ハウツーを学ぶ】

第3の利点として，すぐれた論文は，自分が問題を発見してから，結論を導くやり方を教えてくれます。英語論文を読む時には，「何（what）」だけでなく，「どのように（how）」語っているかにも興味をもつ必要があります。

次の論文は，ルネサンス（初期近代）期のイギリスから来たアメリカ探検家たちが，当時の南北アメリカの「原住民」がもつ「民衆的想像力」のなかで，どのように神格化されたのかを明らかにした論文です。

William M. Hamlin
"Imagined Apotheoses: Drake, Harriot, and Ralegh in the Americas"
[*Journal of History of Ideas* vol.59 (1996) pp.405-28].

論文の最後には，SF 映画『ジェダイの復讐』のスチル写真が載っています。金属ロボットがある惑星の現地人に神として崇められた場面です。論者の Hamlin はこうしたフィクションの場面を，現実の歴史に重ねるわけです。そこに共通の想像力が働いていることを想定しています。

Hamlin は，自分の議論をよりよく展開するために，南太平洋でのヨーロッパの探検家が現地人に「神格化」された関係に関する議論を持ち出しました。そこでの議論に自分の考えを進めるヒントをもらったのです。ですから，Captain Cook を議論した Marshal Sahlins と，その Sahlins を批判した Gananath Obeyeseker の研究書があがっています。彼らの議論を，南北アメリカ (Americas) で 3 人のイギリス人探検家が「神格化」された事象に適応したわけです。

議論の仕方はこのように引き継がれていくのです。Hamlin の論文を読んだ読者が，目のつけどころを引き継ぎ，新しい対象に向かうべきなのです。

Sahlins / Obeyeseker	南太平洋と Cook
Hamlin	南北アメリカと Drake たち
読者	「どこ」と「だれ」

もしも，対象が決まったら，Obeyeseker や Hamlin のやった作業を参考にして自分の考えをまとめればいいでしょう。どの順序で疑問をぶつけてデータを採集し，最終的に処理し

たらいいのかを教えてくれます。手に入れたデータやアイディアを論文にまとめるヒントがそこにはあるのです。

　すぐれた論文は，「内容」と「形式」の両面に渡り参考となる点があります。ですから，こうした技を早く習得するには，自分のお気に入りの論文あるいは批評家や学者を見つけるといいでしょう。見よう見まねで身につけるのはとても重要です。しかも，書かれた年代や題材の新旧とはあまり関係なく，自分と波長や呼吸が合う相手からだと，論の進め方を気楽に学べます。しかも，積極的に「盗む」つもりで読むのです。発想法や文章のリズムを意識的に吸収するのです。結局それが論文の作法を身につける近道なのです。

<1−2> 英語論文の体裁を見分ける

【体裁で区別する】

　いろいろなメリットをもつ英語論文ですが，その内容や形式にはかなりの幅があります。このセクションでは，英語論文の形式上の特徴を見ていきます。大まかに，雑誌論文，単行本（単著），アンソロジー（共著）という区別があります。

　いちばん旬のとれたての内容が載っているのが雑誌論文です。新人からベテランまでが争っていますし，新しいアイディアや仮説が投入されてきます。ここが「学問の合戦場」です。もちろん，投稿論文には厳しい審査の基準がありますし，書き直しを含めたチェックをうけたあとで，やっと掲載されます。

　それにたいし，単行本には，博士論文をまとめて出版した新鋭から，功なり名をとげたベテランまで登場します。大きな主題を扱ってたっぷりと議論をくり広げる研究書が多いのが特徴です。時には，雑誌論文では受け入れられない新奇なアプローチの内容のものが出版されていたりするので，要チェックです（むろん，ハズレもたくさんあります）。

　ただし，こうしたひとりの研究者による単独の著作のほかに，多くの人が寄稿したり，過去の名論文を集めた論集，つまりアンソロジーが存在します。日本の慣習で「共著」とされることがありますが，複数の著者が緊密に議論をして書いたものではありません。編者の名前があがっていれば，それ

はアンソロジーです。さらに、専門領域をやさしく解説する教科書や入門書もあります。

基本的には英語論文の多くが、「研究（口頭）発表」→「覚え書き」→「雑誌論文」→「単行本」→「アンソロジー」という流れをとって生産されます。矢印のそれぞれの段階で厳しい選抜と競争があります。その後消えてしまう論文も多いでしょう。でも、生き延びて、多くの人に言及されたり、さまざまなアンソロジーに入れられる「古典」となる論文も少なくありません。こうした命運自体が、学問研究がもつダイナミズムを示しています。

【雑誌論文がいちばんの基本】

雑誌論文は、学会などが発行する専門雑誌に載っています。雑誌には、たいてい、Literature とか Sociology とか Economics などの専門領域名に、Review とか、Journal とか、Study といった言葉がプラスされた名前がついています。年4回から6回くらいに定期刊行される雑誌（periodicals）が主流ですが、なかには毎月刊行していたり、逆に年1回だけというペースで進むものもあります。

英語論文の主流は、こうした専門雑誌に載ったものです。学問の争いを生きぬいた産物です。なによりも、新しい発想や見解は、雑誌論文の形で世に問われることが多いのです。ですから、自分のレポートや論文を書こうと思えば、新しい雑誌論文を読み、それに言及する必要があります。そうしないと、最新の成果への目くばりがない「時代遅れ」とみなさ

れますし，同時に最新の成果からヒントをもらえずに研究で損をします。

ただし，文系では，一定の長さをもつタイプだけを論文とみなします。それに準ずる短いものは「研究ノート（research note, squib）」と言います。たいていの雑誌に掲載のスペースがあります。アイディアを早めに登録しておくわけです。短い発見ばかり載せた *Notes and Queries* という雑誌さえもあります。ですが「研究ノート」は，あくまでもアイディア段階とみなされるでしょう。データをもっと集めて意見を発展させて，説得力をもつ長い論文にしてほしいという含みがあります。

このような定期的に発行される雑誌論文を読むのが学問研究の基本です。自分の関心領域や専門にあわせ，いったいどんな雑誌があるのか，図書館や研究室で調べましょう。たいてい海外雑誌のコーナーが作られているはずなので，そこに何度も通って英語の専門雑誌と顔なじみになっておくべきです。まずは「習うより慣れろ」です。手に取ってみて，雑誌の表紙に慣れましょう。

【雑誌論文の具体例】

雑誌論文がどのような体裁のものであるかを，具体例で示します。ある図書館でリサーチしていたら，次の論文を発見しました。「賃金」と「カトリック」という言葉にちょっと引っかかったので，読むことにしました。私の常識ではアメリカ合衆国でカトリックは少数派で，賃金でも差別されているの

ではないかと思いました。でも、どうやら違うようです。

Bradley T. Ewing
"The Wage Effects of Being Raised in the Catholic Religion"
[*American Journal of Economics and Sociology*, vol.59 (2000) pp.419-432].

Ewing は，現在，カトリックのもとで育ったことが，人的資本や教育的な背景などによって，プロテスタントなどに比べて有利な評価を得て，高い賃金を得る傾向にあると，統計を通じて明らかにしています。カトリックといっても，単純にプロテスタントより低い社会的な地位にいるわけではなさそうです。結束力が強いので，富裕層が身内を救済する傾向が強いわけです。

　しかしながら，カリフォルニアやフロリダに住むスペイン系の住民の状況はどうなんだろう，という疑問もわきます。カトリックで大統領になるのは，Kennedy 以来，やはりなかなか難しそうです。となると，賃金の指標とは別に，社会的な地位の関連はもう少し複雑でしょう。

　こうして，ひとつの論文からデータや疑問点をもらいます。最初，論文を読む時には，どうしても欲張ってしまいます。これだけ努力したのだから，ヒントをいくつも欲しいと願うものです。ですが，ある論文からヒントをひとつもらえばいい，というくらい鷹揚に考えましょう。そうでないとたくさ

んの論文を処理出来ません。

【単行本は主題が大きい】

　ひとつの主題をめぐって論じている内容なら，長さに関わらず1本の論文です。長いものは単行本1冊の分量になります。博士論文が典型的な例です。どんなに大部でもひとつの論文なのです。そのかわり章ごとに，小さな主題が並んでいて，それを総合するかたちを取ります。

　次の研究書は，白人優位のアメリカ社会での「パッシング」という現象を扱っています。アフリカ系アメリカ人（いわゆる「黒人」）と白人の血が「混じった」人たちが，見かけ上，白人あるいは黒人として通用するなかで，どのようなアイデンティティをもってきたかを文学や文化の領域に広く調査研究したものです。なかには，ロシア系ユダヤ人の「黒人」ブルース歌手という不思議な例まで登場します。

Gayle Wald

Crossing the Line: Racial Passing in Twentieth-Century U.S. Literature and Culture

(Duke University Press, 2000).

この本の目次（Contents）を見てみましょう。これは研究書としては標準的な体裁を取っています。

Preface（序文）

Acknowledgements（謝辞）

Introduction: Race, Passing, and Cultural Representation

Chapter 1　Home Again: Racial Negotiations in Modernist African American Passing Narratives

Chapter 2　Mezz Mezzrow and the Voluntary Negro Blues

Chapter 3　Boundaries Lost and Found: Racial Passing and Cinematic Representation, circa 1949

Chapter 4　'I'm Through with Passing': Postpassing Narratives in Black Popular Literary Culture

Chapter 5　'A Most Disagreeable Mirror': Reflections on White Identity in *Black Like Me*

Epilogue:　Passing, 'Color Blindness,' and Contemporary Discourse of Race and Identity

Notes（注）
Bibliography（参考文献表）
Index（索引）

20世紀の初めから現在までのいくつかの時期に，それぞれパッシングがどのように展開したかを，章ごとにまとめて論じています。それぞれ独立した論文としても読めますが，全体として「パッシング」の主題を論じています。

　ちなみに，本文全体が190ページにたいし，注が35ペー

ジ，参考文献表が 14 ページ，索引が 11 ページついています。つまり，全体の 4 分の 1 が本文以外の内容なのです。こうした分量の配分も研究書としては珍しいものではありません。最初はもったいないと思うかもしれませんが，注や参考文献表や索引の有用性はじきにわかります。

【教科書や入門書】

今の Wald のような専門書のタイプとは別に，教科書や啓蒙書のように専門内容をかみ砕いて説明する本もあります。今までの「成果」や「知」をわかりやすく伝えるもので，初学者はお世話になることが多いでしょう。これも，英語で読むと大変なようですが，文章も平易で，内容をわかりやすく砕いたものが多いので，意外と楽です。

次の本は，「視覚文化」に関する教科書です。入門書だということは，題名に Introduction と入っているので，すぐに判別出来ます。

Marita Sturken and Lisa Cartwright
Practices of Looking: An Introduction to Visual Culture
(Oxford University Press, 2001).

これも目次を見てみましょう。

Acknowledgements

Introduction
1　Practices of Looking: Images, Power, and Politics
2　Viewers Make Meaning
3　Spectatorship, Power, and Knowledge
4　Reproduction and Visual Technologies
5　The Mass Media and the Public Sphere
6　Consumer Culture and the Manufacturing of Desire
7　Postmodernism and Popular Culture
8　Scientific Looking, Looking at Science
9　The Global Flow of Visual Culture

Glossary（用語集）
Picture Credits（図版版権）
Index

　さらに章ごとに，Notes と Further Reading（推薦文献表）がついています。教科書の特徴は，このような Glossary とか Further Reading がついていることです。
　用語集は難しい言葉の解説をしてくれています。ちなみに，b で始まる語として，base/superstructure, binary opposition, biopower, bit, black-boxed, bricolage, broadcast media があがっていました。こういう言葉が解説されているわけです。
　章ごとに細かな推薦文献表がついているのは，教科書なので，授業でレポートや論文を書く手がかりにするためです。

ちなみに，第1章には26冊の本があがっていました。これではとても数が多いので，自分でレポートを書くなら，絞りこんで読まなくてはならないでしょう。

さらに，本によっては，親切にも，Annotated Bibliography（注釈つき参考文献表）といって，1冊ずつの大切な点や価値を説明してくれた文献表がついている場合もあります。読むべきポイントを具体的に示してくれるので重宝します。一般的にGlossaryやFurther Readingがついていたら，入門的な本や啓蒙的な本です。自分で読む本を選ぶ目安にしてください。

【論文集としての単行本】

1冊にまとまった研究書でも，よく見ると，あちこちの雑誌で発表した論文を集めた論文集があります。たとえば，次の研究書は，文学上のリアリズムというのがそれだけで独立したものではないことを，写真を手がかりに探ったものです。

Nancy Armstrong
Fiction in the Age of Photography: The Legacy of British Realism
(Harvard University Press, 1999).

「リアリズムのリアルとは何？」と題された序章のあとに，6つの論文が並んでいます。中には19世紀のイギリスの写真やポスターを分析したものもあれば，Lewis Carrollの『不

思議の国のアリス』を当時の人種差別主義的な写真利用とつなげて議論しています。6つの論文のうち5つは雑誌などにばらばらに発表されたもので、これは初出を調べるとわかります。このように一貫した主題を追求するように巧みに配置された論文集もあります。また、各方面に渡って、多面的に、ひとりの研究者がもっている関心の幅広さをうかがう論文集もあります。

　個人の論文集は、ふつう5年から10年くらいの間隔で出版されているのですが、なかには20年分を集めたようなものもあります。こんな例はよほどの大学者の論文集でないかぎり玉石混淆、それも「石」ばかりです。基本的には、発表して10年以上経過したら、議論の枠組が大きく変更している可能性があると思ってください。

【論文を集めたアンソロジー】

　同じようにアンソロジー（Anthology）も論文集ですが、これは、いろいろな人の論文を集めたものです。ちょうど単行本と専門雑誌の中間の存在です。たくさんの論文を1冊で手軽に読めるのでなかなか便利です。たとえば、"media literacy" とか "narratology" とか "Japanese management" といった特定の領域の全体像をつかむのに重宝します。

　この場合、著者名のかわりに編者がきます。editor とか ed. とか (ed) という称号がつきます。たいていその編者が序文で、採用した論文の内容を紹介したり、議論の位置づけをしてくれます。アンソロジーは説明の手がかりが豊富で、

さまざまな切り口が載っていて読みやすいものです。

次の本は、少し古いですが、90年代の学問の可能性を開いた名アンソロジーです。内容は「歴史、人類学、社会学」の3つの領域にまたがる欲張った内容になっています。

Lynn Hunt (ed)
The New Cultural History
(University of California Press, 1989).

これも目次を示しましょう。

Acknowledgements
Introduction: History, Culture and Text
　　Lynn Hunt

　Part One: Models for Cultural History
1. Michel Foucault's History of Culture
　　Patricia O'Brien
2. Crowds, Community, and Ritual in the Work of E. P. Thomson and Natalie Davis
　　Suzanne Desan
3. Local Knowledge, Local History: Geertz and Beyond
　　Aletta Biersack
4. Literature, Criticism, and Historical Imagination: The Literary Challenge of Hayden White and Dominick

LaCapra
   Lloyd S. Kramer

Part Two: New Approaches
5. The American Parade: Representations of the Nineteenth-Century Social Order
   Mary Ryan
6. Texts, Printing, Readings
   Roger Chartier
7. Bodies, Details, and the Humanitarian Narrative
   Thomas W. Laquer
8. Seeing Culture in a Room for a Renaissance Prince
   Randolph Starn

Contributors（執筆者紹介）
Index

「執筆者紹介」のところに，それぞれの執筆者の略歴が出ています。ちなみに編者の Lynn Hunt はこうです。

Lynn Hunt is a professor of history at the University of Pennsylvania. She is the author of *Revolution and Urban Politics in Provincial France* (1978) and *Politics, Culture, and Class in the French Revolution* (1984) and is co-editor of the California series Studies on the History of Society and Culture.

ここから「ペンシルヴァニア大学の歴史学教授」という当時の所属，2冊の代表作，共編者として関わっているプロジェクトがわかります。

さらに，この本の「謝辞」を読むと，1987年4月11日に行った「フランス史：テクストと文化」という会議が発端だと分かります。そこで発表された論文（paper）がもとになって，現在の論集が編まれたわけです。シンポジウムや会議といった集まりで各人が発表した論文を集めた報告書（proceedings）でもあるのです。

ただし，第2部は，フランス史とはあまり関係ない論文が並んでいます。アメリカ合衆国の祝日などのパレードが社会階層をどのように映し出してきたのかに関する研究などですが，ここで第1部の理論を応用しています。ですから，このアンソロジーを読むことで，読者が理論の理解からその応用のヒントを得ることまで出来るのです。

【アンソロジーの種類】

こうした「報告書」以外にも，アンソロジーの論文の集め方はさまざまあります。ひとつは，Huntの論集のように特定のテーマに関し，全部書き下ろした論文集です。ただし，専門家向けの先端の議論を含んでいるので，目利きの力がついていない最初のうちは避けたほうが無難でしょう。また，批評家や学者単独の代表作を集めた便利なアンソロジーもあります。1冊で初期から重要な著書の抜粋を読むことが出来るのです。これは便利なものです。

批評家や理論家を題名にしたアンソロジーで間違いやすいものがあります。たとえば、『オリエンタリズム』や『文化と帝国主義』といった翻訳書で有名な Edward Said という学者がいます。彼の代表的な研究を読もうと思い、図書館でその名前がついた *Edward Said Reader* と *Edward Said Critical Reader* の 2 冊が発見出来ました。でも内容は違います。前者は本人が書いた論文を集めたアンソロジーです。後者の「批評読本 (Critical Reader)」となっている本は、Said という批評家に関する他の人による批評を集めたものです。「批評の批評」がされた論集というわけです。

　また教育的な配慮から、過去の名論文や著書の抜粋を集めたものも頻繁に作られています。教科書としてのアンソロジーです。「案内 (guide)」「入門 (introduction)」という語が入っているのですぐにわかります。初心者は、教科書や名論文のアンソロジーを利用して短期間に学問のエッセンスを吸収出来るのです。最初に読むなら、こういうタイプのアンソロジーがいいでしょう。

【論文の質の見分け方】

　出来れば質の高い論文を読み続けるのが望みと言えるでしょう。そのためには、英語論文の質を判定する必要があるのですが、まずは、それがどんな形態をとっているのか、どんな媒体に載ったものかを意識することが大切です。授業でコピーしたものを読む場合も、雑誌論文なのか、単行本の一部なのか、アンソロジーの一角を占めているのか、といった点を気

にしましょう。これが英語論文を読む基本姿勢です。議論がそこだけで完結しているのかどうかの判断がつくからです。

ついで、発表された年代を把握します。雑誌論文は巻数などからすぐにわかります。ただし、単行本の場合、初版の刊行年だけでなく、もとになった雑誌論文や口頭発表の初出も確認します。10年前の内容が、まったく加筆されずに載っていたら、信用度はかなり低くなります。研究を自分で進展させていない可能性があるからです。

新しい雑誌論文ならば、それが、最近の学問の傾向を意識した論文かをチェックしましょう。雑誌の目次を過去5年分くらいを眺めて、別の論文の題名にも同じような言葉が出てくるなら、流行しているネタでしょう。数十年前に流行った題名と同じなら、まったくの時代遅れか、あるいは野心的な先端の論文です。

さらに、他の文献や学者の意見が言及されているかも評価の対象になります。論文の注や参考文献欄が充実しているかも大切なチェックポイントです。単行本では、索引がきちんとついているのかも大事です。つまり、論者が使用した情報が、読者にオープンとなっているかが重要なわけです。

もちろん、論文の質はこうした形式的な部分だけで成立しているわけではありません。形式の不備を超えてすぐれた論文も多いものです。しかしながら、多量の情報を処理するには、ある程度のフィルターが必要です。そのフィルターとして、形式的な質による評価方法があるのです。

<1-3> すばやく英語論文の型を探す

【効果的に手をぬく】

　論文や研究書を読む時には，どうしても速読や多読が求められます。時には数本ひょっとすると数冊を同時に読まなくてはならないでしょう。一般的に言えば，英語論文をどれだけ短期間で検索し，いかに効率よく読むかが，後の作業の処理スピードを決めます。というより，スムーズに作業が進むように「段どり」をしてから読む必要があります。「何も考えずに論文を読み始める」のはやめましょう。印象が散漫になり，利用したくても，あとで頭が混乱するだけです。

　読むスピードをあげるといっても，1分間あたりに読める単語数を競う「速読」ではありません。必要なところはじっくりと読むが，残りは軽く読んだり，読まずに飛ばすという取捨選択する「速読」なのです。要領よく「手を抜く」わけです。でも，大事なところは落とさないのです。200ページのうちで重要な部分が2ページだとわかれば，労力はぐんと少なくなりますし，焦る気持ちもへります。2ページなら，1時間もかければ，かなり細部まで読めてしまいます。

　つまり，ここで重要なのは，読みに濃淡あるいは強弱をつけることです。ひとつの論文でも，時間をかけて精読する部分と，ざっと見たり，思い切って無視する部分を選択するわけです。そうしなくては，自分の持ち時間を効率よく使えません。

【論文の型を見つける】

　読む部分を効率よく選択するには,「論文の型」という形式が持つ約束事を理解することです。重要なポイントのある場所がはっきりすれば,読むエネルギーをそこへ集中出来ます。

　論文は,ふつう「序論 (introduction)」,「本論 (body)」,「結論 (conclusion)」,「注 (notes)」と揃っているはずです。

　　　序論　　「従来の問題点と新しい仮説の提示」
　　　本論　　「データをあげての論証」
　　　結論　　「最終的な仮説の確認」
　　　注　　　「データの出典と根拠」

この一連の流れをそのまま文章化したのが論文です。ここでの仮説とは論文の主張と同じことです。上の基本の枠組は,すべての論文に共通します。まずこのフォーマットを記憶しましょう。

　文系でも統計を重視する論文がたくさんあります。その場合こうした構成は特に厳格です。権威ある老舗の経済雑誌に載った次の論文もそうです。

Austan Goolsbee

"In a World Without Borders: The Impact of Taxes on Internet Commerce"

[*The Quarterly Journal of Economics* vol.105 (2000)

pp.561-76].

これはインターネット販売での顧客の動向を調査したものです。物品税の高い地域に住んでいると、もっと安い税金ですむネット販売に手をだす傾向があることを、2万5千のサンプルから論証しています。

I Introduction
II Data and Specification
  A. Data
  B. Model and Specification
III Results
  A. Basic Results
  B. Advanced Results: City-Level Controls
  C. Advanced Results: Individual Controls
  D. Advanced Results: Types of Products
IV Conclusion

「序」,「データと論証」,「結果分析」,「結論」ときわめて標準的な流れが作られています。

　たとえ本論が長くなってもフォーマットは同じです。次の論文は,「法律学・経済学・経営学」にまたがる学際的な研究をする新興勢力の雑誌にのりました。アメリカ合衆国には「コモン・ロー」という慣習法に基づく、雇用の契約期間を決めない「随意契約の雇用」があります。それだけに失業す

る可能性も高いので、その例外に関する論文です。

Thomas J. Miles
"Common Law Exceptions to Employment at Will and U.S. Labor Markets"
[*The Journal of Law, Economics & Organization*, vol.16 (2000) pp.74-101].

1. Introduction
2. Content of the Common Law Exceptions
3. Predicted Effects
4. Data
5. Labor Market Dynamics
6. Pattern of Adoption
7. Estimation and Results
8. Summary

Miles は最後の結論部分を「要約」としていますが、これは、そのまま論文全体の内容紹介となっているからです。データの提示と処理方法もていねいに示されていて、とくに7章で細かにデータの解析をしているのがこの論文の特徴です。

　もちろん、専門分野によって論文の表現は変わります。たしかに、今の Goolsbee や Miles のような経済系の論文と、文学作品の作品分析や文化人類学の調査結果や哲学の思索では、記述に大きな違いがあります。基本の構造は同じでも、

アプローチの提示や，目のつけどころが違うのです。

たとえば，「一人の消費者がある商品を買う行動」を分析するとしても，心理学と法学と経済学では，関心を向ける部分も，分析の方法論も，したがって専門用語も違います。道具としてアンケートや法律の条文や数式が登場するかもしれません。必要があって自分の専門とする領域以外の論文を読まなくてはならない時に，これを知らないと議論を理解出来ません。それぞれの分野に固有の用語（term, jargon）があるのです。

同じ法学雑誌に載っている論文でも，法理論や法学史の領域は，哲学や歴史の論文に近い叙述のスタイルをとっています。それにたいし，実際の事件を扱うケーススタディは，"Kramer v(s). Kramer" といった被告と原告の名前をとって表記され，具体的な案件に関する記述となります。方法もスタイルも専門領域による差異があるのです。

【雑誌の特徴を読む】

英語圏の専門雑誌は，かなりはっきりとした権威の序列や議論の傾向をもっています。自分で読む前に（むろん投稿するならなおのこと）雑誌の難易度や傾向を，指導教授や先輩から聞いておくといいでしょう。

もっとも，投稿者の肩書きから，教授が多いか，博士課程を終えた者が多いかでも難易度や傾向はわかります。編集委員の顔触れにどんな学派の権威ある学者が入っているかも重要な手がかりです。雑誌の裏表紙などに記載されている「編

集一覧（editorial board）」を見てみましょう。

　おおざっぱに言って，雑誌には，4パターンくらいの流れがあります。それは雑誌の名称からもわかります。

　第1に，伝統をもつ歴史ある**老舗雑誌**があります。これは，学問の名前をそのまま採った名称が多いです。そっけなく "Review of ＊＊＊", "＊＊＊Quarterly", "＊＊＊Studies", "＊＊＊Journal" という名前だったりします。*The Journal of Economic Literature* というと，これは，「経済文学」などという新しい流れのことではなく，学問という意味で使った literature のなごりなのです。つまり19世紀の古い枠組を温存した名称で老舗雑誌です。*PMLA* や *MIND* のように1世紀を超えるものも結構あります。雑誌論文の蓄積が，そのまま学問の発展史と重なるほどの力をもっています。

　第2に，老舗と対抗するのが，"**New**" とついた雑誌です。*New Literary History* とか *New German Critique* といった具合です。これは競争する意気ごみがあるわけですから，当然激しい主張を伴っています。新しい雑誌は，「学派」と等しいのです。もっとも20年もたてば老舗になって，創設者が保守化してきて，新しい分派が出来るのが世の常です。こうした政権交代にも注意を払いましょう。

　第3に，さらに両者と対抗するのが，突っ張った**前衛的**な名前の雑誌です。総合誌の *Critical Inquiry* なら，まだわかります。でも，「暗箱カメラ」という意味 *Camera Obscure* が映画やテレビの研究雑誌とはちょっとわかりません。MITが出版している *October* にいたっては，美術や文学や

思想を扱う雑誌ですが,内容は想像がつかないでしょう。*Boundary 2* なんていう謎のようなのもあります。

　第4に,最初から**学際的**なものです。複合的な議論を受け入るもので,既存の雑誌や学会から排除されたり軽視された研究者たちによって出来あがるものです。たとえば,*American Journal of Economics and Sociology* とか *Discourse and Society* といったくくり方をする雑誌は,またがる内容を想定して作られたわけです。

　読者として,それぞれの雑誌の傾向やスタイルを早くつかみ,習熟する必要があります。それによって,自分の専門分野での英語論文の読み方や書き方をすばやく獲得出来るからです。

第2章

「英語論文を実際に読むには」

<2−1> 受験英語の知識を使いまくる

【語彙と構文解析はだいじょうぶ？】

　大学受験で英語の長文読解の勉強をやった人なら，おそらく，英語論文を読む基礎力はあるはずです。英語自体に大きな違いはありません。文法事項などに変化があるわけではないのです。

　もっとも，英語の入試問題が得意だったという人でも，20ページもある論文を一定のスピードで読むのは至難のわざです。ある程度の語彙力と，構文をきちんと把握する構文解析力の有無に左右されます。1語1語辞書を引いて，のろのろと全訳して理解している段階なら，英語論文を読むのにかなり苦労するでしょう。

　もしも，基礎力がなくて困っている人は，入試やTOEFL用の長文問題集を1冊やってからが楽かもしれません。ただし，その場合，設問を解くのではなく，問題文をじっくりと読み，英語論文の特徴をつかむことが大事です。そして，文章読解力の養成として，語彙力と構文解析力を磨きましょう。

【実践的にチェック】

　では，英語論文を読む能力を少し自分でチェックしてみましょう。必要なら辞書をかたわらにおいて引きながら，意味をちょっと考えてみてください。

　まず，ある論文の冒頭を取りあげて，内容よりも，語彙と

構文解析という語学的観点から見ていきましょう。取りあげたのは、「アパルトヘイト廃止後の南アフリカでのインド人のビジネス：新旧の軌跡」という題名の論文です。

Keith Hart & Vishnu Padayachee
"Indian Business in South Africa after Apartheid: New and Old Trajectories"
[*Comparative Study of Society and History*, vol.42（2000）pp.683-712].

＜A＞　冒頭のパラグラフです。
We consider here what has happened to one segment of South African capital since the demise of apartheid, of the Indian businessmen of KwaZulu of Natal, and especially of its principal port city, Durban. During the long nightmare of apartheid, South Africa's Indians, a small minority constituting only three percent of the national population, suffered many restrictions on their development.

これは，英語論文としては，まずまず標準的なレヴェルの英語で，平易に書かれているほうです。

［語彙から見る］
　＜A＞を語彙から見ると，こんなところにつまずくでしょ

うか。

apartheid 「アパルトヘイト」とは，長年南アフリカで行われていた人種隔離政策でした。
Indian businessmen インド人のビジネスマン。
KwaZulu of Natal 地名です。
Durban 地名です。
a small minority 小さなマイノリティ集団（少数民族などの集団のこと）これはキーワードのひとつです。

［構文から見る］
　文は2つだけですが，構文から見ると，少し迷うところがあるかもしれません。

We consider here what has happened to one segment of South African capital since the demise of apartheid, of the Indian businessmen of KwaZulu of Natal, and especially of its principal port city, Durban.

最初の文は，of で3つの要素が並列されているのに気づけば難しくはないでしょう。訳せば「ここ（＝この論文）で我々が考察するのは，アパルトヘイト終了後に南アフリカの資本，ナタールのクワズルのインド人ビジネスマン，とりわけ中心となる港町ダーバンの一角に何が起きたのかということである」といった感じになります。筆者たちの関心が，3つの側

面に渡ると告げているのです。

次の文は，主語を含む主部と述語動詞に導かれる述部さえはっきりと確認出来ればむずかしくありません。

South Africa's Indians （主部）
　＋ suffered many restrictions on their development（述部）.

「南アフリカのインド人は，発展することに多くの制限をうけていた」というのが中心で，前に「長い悪夢のようなアパルトヘイトの間」がつき，南アフリカのインド人を同格で説明する「国の人口のわずか3パーセントをしめる小さなマイノリティ」という語句が挿入されています。過去形を使っているのを要チェックです。

もちろんあたりまえですが，英語論文の英語は，受験英語の長文問題のテクニックで読めます。ただし，訳を作って終わりではありません。英語を読んで，頭のなかで，ポイントを整理して，自分なりの疑問点や意見を見つけなくてはなりません。

【続きのパラグラフ】
　＜B＞　では，今の続き

Indians originally came to Natal a century and a half ago. Although they were victimized as non-whites for almost all of their time in South Africa (if not on the same terms as indigenous Africans), they nonetheless managed to build up a thriving commerce within the limits of the inward-looking apartheid economy. Our investigation of some leading Indian businesses in the post-apartheid period shows how Indians have responded to this dramatically new situation, as well as to the changing conditions of a world economy entering a major restructuring phase.

こちらはちょっとてこずるかもしれません。

　最初の文は問題ないでしょう。

　第2の文は，Although の接続詞で始まる部分がわかれば，中心は they で始める箇所だとわかります。非－白人として差別されていたけどインド人たちはそれでもなんとか商売を繁盛させようとしたわけです。むずかしいのは，inward-looking が内向きの，つまり国内を向いていたということ。それに，カッコのなかの if not on the same terms as indigenous Africans でしょう。こっちは，「たとえ現地のアフリカ人と同じ条件ではなかったにせよ」という感じです。現地のアフリカ人のほうがもっと差別されたということです。

　第3の文は，shows が分かればだいじょうぶ。post-apartheid とは，アパルトヘイト終了後ということなので，その時期のインド人のビジネスマンたちにインタヴューしたのでしょう。as well as は，他にもあるよ，ということなので，2つのこと，つまり，「アパルトヘイトがなくなったこと」と，「建て直しの局面に入った世界経済の変化する状況」

<2-1> 受験英語の知識を使いまくる　53

にどうやって対処したかを語ってくれたわけです。

【時制に注目！】

どうですか？　これなら平気だと自信をもちましたか。それとも，ちょっと難解で困りましたか。いずれにせよ，これが平均的な難易度の文系の英語論文だと考えてください。文学や哲学思想系になると，もっとテクストを執拗に読むので表現も難解になります。逆に統計主体の社会学や経済学系になると，データの羅列で，もうすこし英語が単調で平易になります。その点で，文献やデータやインタヴューを処理した Keith Hart と Vishnu Padayachee によるこの論文の英語は，中間くらいの難易度でしょう。内容として野心的ですが，英語のレヴェルとして平均的ということです。

この2つのパラグラフは序論の冒頭を構成しています。論文全体を理解するには，冒頭部分をある程度ていねいに読み大切なポイントを早く見つける必要があります。ここを手抜きすると，話の枠組がわからず，論文を最後まで読めません。

とはいえ，なるべく部分だけを読んで楽をしたいと考えた人もいるでしょう。そういう時には，文の「時制」に気をつけると重要度が識別出来ます。はっきりいって，**現在形の箇所が，論者たちの考察や意見**です。**過去形の箇所は今までの事柄の説明**ですから，こちらはデータです。データは，いざとなると流し読み（内容無視すら）出来ます。

ちなみに，2つのパラグラフで，現在形の文だけをぬくと，2つしかありません。これだけでも労力は半分になります。

We consider here ....

Our investigation of some leading Indian businesses in the post-apartheid period shows ....

最初の文は考察の対象を述べているところ。2つ目は，どんな調査をしたのかに関して述べたところです。どちらも論文の根幹と直結する箇所です。時制による識別法を意識するだけでも，どちらに重心を置いて読むのかというテクニックとなります。英語で書く時にも，この2つの時制はしっかりと区別してください。そして意見を表明する時に使用する動詞を見抜くことです。

【使える受験英語の公式】

では，受験英語で学んだどんな公式が英語論文を読むのに使えるでしょう。

(1) 文の修飾に関する判断の知識。不定詞，分詞，関係代名詞は，もちろん重要です。そして，that でつながる「節」が出てくると感違いしてしまう可能性が大です。こうした構文を取るのが苦手な人は，受験英語のチェックを忘れないようにしましょう。

(2) 文のニュアンスをつくるのは助動詞です。will や can や should などをきちんと区別することです。基本的には時

制は上でやったように、やはり、主張を示す「現在形」とデータを示す「過去形」です。現在完了も、今までのことを示すので、データの場合が多いようです。

（3）文と文をつなげる接続語句はとても大切です。理由を表す for, because, since, as など。逆説を表す but, though, while, in spite of など。こうした接続語句が、文ばかりでなく、パラグラフを結びつけるのにも重要な働きをします。原因や結果、仮定や条件を表すのもあります。これは、自分なりにきちんと整理して憶えておくことです。

● コラム ●

「受験英語の復習には」

今さら受験英語なんて、という人もいれば、あんまりやってないから急いでチェックしたいという人もいるでしょう。読む時の基本は構文解析力で、書く時には逆に構文構成力が必要です。どちらもいきなりは身につきません。また、受験英語をもういちどなんて悪夢だという人もいるでしょう。そこで受験参考書や問題集ではなく、実践的な英語の参考書で身につけましょう。

まず、お勧めが、TIME などの雑誌の読解を目標にしたものです。予備校講師でもある薬袋（みない）善郎による『英語リーディングの秘密』（研究社出版、1996年）と続編の『英語リーディングの真実』（研究社出版、1997年）がお勧めです。とくに動詞の働きをていねいに分析しながら英語のきちんとした読

み方を教えてくれる『秘密』を1冊やっておくと,英文を読む実力アップ間違いなしです。

　TOEFL対策をめざしているのが,トフルアカデミー講師の仲本浩喜編著『TOEFLリーディング』(SSコミュニケーションズ,1992年)です。こちらも文章の難易度にあわせた細かな読解テクニックが学べます。ついでにTOEFLの準備にもなるのですから,留学を目指している人には一石二鳥かもしれません。薬袋も仲本も,英語を正確にていねいに読めと勧めています。安易な「速読」は英文理解にとって失敗のもとだと忠告しています。スピードの追求の前にまず基礎です。

　また,準1級以上の英検対策の本には,グラフの読み方やパラグラフの構成についてのヒントが書かれた参考書が多いです。いずれにせよ書店でながめて自分の実力にあった本を選びましょう。

<2-2> 題名からキーワードを探す

【検索のためのキーワード】

　最近では，論文の冒頭に，**内容要約**（summary）とともに，5つくらいのキーワードを選んで載せるものが増えてきました。効率よい検索のための手がかりです。

　雑誌も電子テキスト化されつつありますし，瞬時に検索する際にキーワードはとても便利です。これを利用すると，文献情報や時には文献自体を一度に集められます。大学図書館の検索システムで手早く検索出来ます（なかにはインターネットで，図書館外から検索出来る所もあります）。Amazonなどのインターネット書店は，別の意味で，文献情報の源ともなります。

　けれども，インターネットの検索エンジンで拾う情報が玉石混淆なのと同じで，集めた文献情報の質にはかなりのばらつきがあります。もしも該当箇所が1000個も登場すると全部を調査など出来ません。ひとつ1分かかったとしても全部で150時間以上かかります。必要な部分だけを選択する技術が問われます。その際にキーワードによる絞りこみは重要な手がかりでしょう。

　現在日本でも，大学や研究機関が，情報を利用し提供するためにウェブサイトを構築するのは当然の流れとなっています。そもそも，インターネットとは，アメリカの大学が核に関する情報を拡散し，研究開発の情報交換のために，互いの

スーパーコンピューターを高速回線でつなぐことで始まったものです。この電子情報網は，日常生活だけではなく，学問の成り立ちを大きく変える勢いをもつのは当然でしょう。

その問題自体を取りあげた論文の例をあげてみましょう。

Jay L. Lemke
"Discourse and organizational dynamics: website communication and institutional change"
[*Discourse and Society,* vol.10 (1999) pp.21-47].

Lemke は教育学者で，これまでにもメディアと教育に関連する多くの論文を書いています。

この論文を載せた *Discourse and Society* という雑誌は，幅広い意味での言語と社会を結ぶ関係をテーマにした論文を載せています。コミュニケーション論や社会言語学を新しい批評理論とからめて議論をする論文が多いようです。出版元になっている SAGE が，社会科学系の新しい議論を出す出版社ですし，この雑誌がまだ 10 年ほどの浅い歴史しかないのは，新しい学問の動きに触発された創刊されたせいです（こうした雑誌や出版社の傾向の把握も大切な知識です）。

【題名に注目する】

さて，Lemke の論文の内容は，題名からでも，なんとなく想像がつきます。「言説と組織がもつダイナミックス」。これだけでは抽象的に見えますが，副題を読むと，「ウェブサ

イト・コミュニケーションと研究教育機関の変化」となっています。インターネットと研究教育機関の話だとわかります。このように，文献にとっていちばん大切なキーワードが盛りこまれているのが題名です。

キーワードとは，関心を向ける先です。議論や思考の流れを制御し，そこから新しい考えや方向性が展開する門（ゲート）と思えばいいでしょう。心にひっかかったら，別なものへとリンクさせて，次々と関心を広げていくことも出来ます。

読者である私たちは，論文が提出しているキーワードを拾わなくてはなりません。題名からピックアップすることです。具体的な題名をもたない論文はありません。「論文ナンバーHAL2001」と書く人はいないでしょう。基本的には，題名が内容要約になっています。ですから，論文を探す時には，題名を手がかりに，内容の見当をつけます。雑誌の目次や書棚や時には本のカタログや検索の **CD-ROM** や図書館の **LAN** などで検索する段階で，まずは題名から内容を検討します。

もちろん，論文も情報商品ですから，誇大広告もあれば，無印で目立たない佳品もあります。慣れると題名からでも内容や論じ方の傾向が見えます。もしも，ひとつ買って満足したら，同じブランド（＝著者や雑誌や出版社）の商品は，今後も買い，でしょう。こうやって自分のお気に入りの論文を増やしていくのです。

【題名からの連想ゲーム】

では，少々脱線を。次の題名の論文や研究書は，いったいどんな内容のものだと，自分のカンを働かせますか。

(1) "Three Films of Mizoguchi: Questions of Style and Identification"
(2) "Diaspora: Generation and the Ground of Jewish Identity"
(3) *Contested Culture: The Image, the Voice, and the Law*

（1）は，日本の溝口健二監督に関する映画論です。「スタイル」が映画の構成のしかたであり，「同一化」がキーワードです。スタイルという語が入っているのが，ちょっと古いアプローチだとわかります。もう少し新しければ，structure とか semiotics といった語を採用したはずです。

（2）は，「ディアスポラ」という語が，「民族離散」を指すと理解出来れば理解が早いでしょう。現在のポストコロニアル批評でおなじみの言葉ですが，ディアスポラの「本家」であるユダヤ人にさかのぼって検討しています。特に，「世代」という語がキーワードになっています。

（3）は，映像の権利などをめぐって，法的に争う場を問題にして現代の文化の特徴を浮かび上がらせるものです。法律の観点から，録音されたり撮影されてイメージがいったい誰の所属に帰するのかをめぐって起きた裁判を踏まえて議論

しています。これは，どこまでが個人の領域なのかという根源的な問いと直結しています。

【手がかりのキーワード群】

さて，最近では卒論にもキーワードを記載するところが増えてきました。Lemke の論文では，本文の前に検索用のキーワードが並んでいます。

academic libraries, discourse analysis, multimedia semiotics, organizational change, website design

ここでは，5つの検索用キーワードが，アルファベット順に提示されています。

これだけでも，全体の雰囲気がわかります。語句を全部つなげると，自分なりのイメージを作り上げられそうです。どうやら「ウェブサイトという新しいマルチメディアが，大学の図書館などの組織の変化に影響を与えている状況」を分析しようと考えているわけです。こうしたストーリー仕立てにキーワードを頭にいれておくと，本文を読む場合に役立ちます。議論の流れをすばやくつかめるからです。

【キーワードの限界】

もっとも，検索用のキーワードにはちょっとした限界があります。すべて名詞あるいは動詞的要素を含んだ名詞なのです。人名や地名が主流で，あとは概念や項目を示す抽象名詞

が採用されるだけです。「選択」による判断はあっても、価値判断は入らないのです。Lemkeが「ウェブサイト」を扱っていても、それをどう判断しているかまではわかりません。大学でのウェブサイトの構築に反対かもしれません。あるいは大賛成の立場なのかもしれません。どちらの場合も、キーワードはWebsiteとなります。

　ですから、キーワードに満足せず、要約を読んだり、実際の本文を眺める必要があるのです。キーワードはあくまでも入り口まで案内してくれただけと言えます。どうやら、内容を理解するためのキーワードには2段階あるようです。

（1）　検索のための名詞。人名や地名や専門用語。
（2）　形容詞や動詞のような本文の価値判断を示す言葉。

こうして考えると、キーワードも多少柔軟につかまえる必要があります。

　どんな題材を使用しているかを示す名詞をチェックします。でも、深いレヴェルで内容をとらえるのにはそれでは不十分です。形容詞や動詞などの要素を考慮する必要がでてきます。言い換えると、「判断する文（命題）」の形で内容を理解すべきなのです。これが「要約文」であり、あるいは「主題文」や「主張」と呼ぶものです。「＊＊＊は＊＊＊である」とか「＊＊＊は＊＊＊でない」といった文です。

【要約を見る】

　キーワード以上の具体的な手がかりを与えてくれるのは，やはり本文の要約です。Lemke の論文の要約は次のとおりです。

In an institution undergoing basic structural reorganization, the development of a new website became a critical focus for discourse about the functions and values of the organization. Discourse analysis reveals a complex system of heteroglossic relations among the various viewpoints within the organization. Combined with semiotic analysis of the website development, it can help us to understand the role of a new medium of wide-scale communication in process of organizational change.

　［訳］基本的な構造の再組織化を進めている研究教育機関では，新しいウェブサイトを構築することで，その組織の機能や価値観に関する言説に批判的な焦点があたるようになった。言説分析で明らかになるのは，その組織内の多様な視点の間に存在する異種言語混交的な関係の複雑なシステムである。ウェブサイト構築への記号論的分析と結びつくことで，こうした言説分析は，幅広いコミュニケーションのための新しい媒体が，組織の変化の過程でもつ役割を理解するのに役立つだろう。

表現がぎりぎりまで削られていて，しかも議論の前提が多い

について，別の論文で実践的に見てみましょう。今度の論文はこれです。

Karen Armstrong
"Ambiguity and Remembrance: Individual and Collective Memory in Finland"
[*American Ethnologist*, vol.27 (2000), pp.591-608].

この「曖昧さと想起：フィンランドの個人的記憶と集合的記憶」という題名から，フィンランドが舞台になっていると分かります。そして，「個人的記憶」と「集合的記憶」という対になったキーワードがあります。

次に掲載されている要約で，キーワードと関連するものを探し，論文の内容をさらに推理してみましょう。下線部が題名にでてきたキーワードと関連がありそうな部分です。

In this article, I explore the complicated relationship between <u>individual</u> experience and <u>national</u> events, the way this relationship is narrated, and how <u>individual memory</u> becomes part of a <u>collective memory</u>. By looking at <u>memories</u> written by the descendants of Thomas Rantalainen, and focusing on personal correspondence, I show how the contents of letters written 60 years ago relate to events in Finland's history that are still being discussed today. In the narrative practices of the

ので、これだけでは理解がむずかしいのですが、先程の5つのキーワードが表現を変えながら含まれているのはわかるはずです。とくに heteroglossic（異種言語混交的）というのは、ロシアの Michael Bakhtin という思想家の用語に由来します。これは学術用語辞典などに頼る必要があるでしょう。

Lemke の論文の要約は3つの文から出来ています。しかも、それぞれの文の述語動詞とその時制に気をつけてください。最初は became、次に reveals、最後が can help です。「過去」、「現在」、「将来」という流れで議論が進んでいることがわかります（より正確に言えば「現在」は、今のことではなく、一般論を述べているわけですが）。いずれにせよ、今までの反省と将来の展望というわけです。

題名とキーワードと要約をきちんと読めば、本文を読む前におおよその内容が判別出来ます。つまり、自分のリサーチの対象に含まれるものかどうか、また、自分の関心にかすめたとしても、それが価値をもつかの判断が出来るでしょう。「マルチメディア教育に関心のある人にとっては役立つが、e ビジネスを研究している人にはそれほど関係ない。または、異種言語混交に注目する Michael Bakhtin 研究者には興味深いかもしれないが、普通の社会言語学の専攻者には、嫌がられるかもしれない」といったことです。それはむだな作業を事前に回避するのに必要な措置です。

【題名から要約へ】

では、題名とキーワード、さらにキーワードと要約の関係

correspondence, the <u>individuals</u> themselves—through the use of a narrative We—merge their personal experiences with those of the <u>community</u>. Two themes in the letters—war and family life—illustrate how the processes of replication and analogical thinking work in bringing the past into the present.

ここで扱われているのは,フィンランドの歴史それも第2次世界大戦のソ連に蹂躙された体験です。そこで,個人の記憶が集合的な記憶とどう結びつくかが問題となっています。

　手紙に表れた「語り手の私たち」に注目し,60年前の手紙の中での戦争と家庭生活の言及から,「記憶」が個人的なものではありえないとし,個人の記憶と集団の記憶を結ぶ糸口を探っているのです。ヘルシンキ大学の文化・社会人類学部で教えている Armstrong は,ヨーロッパの人間を対象とする時に「文化人類学」が陥るジレンマを乗越えるため,自分たちの作業を意識化する契機を見出そうとしているのです。

　題名から把握したキーワードがそのまま内容を予告しているのです。見つけ出したキーワードは,そのまま,論文から何を読み取るべきかの道標に転じます。そして,キーワードを手がかりに結びつけながら,簡単な**マッピング**(地図化)を行うのです。他人から与えられた地図も大切ですが,自分の手で作りあげたスケッチのほうが頭に残って,後まで有効に使うことが出来ます。

【題名から推測する】

　少なくとも題名からキーワードが分かると，検索段階で内容を推測出来ます。そして，当面は不必要と考えられる論文を排除出来ます。また，検索の結果，思いもかけない雑誌や単行本に，キーワードと関連する大事な論文を見つける幸運とぶつかる場合もあります。

　たとえば，図書館で検索していて，次のような不思議な題名の論文を見つけました。

Caren Irr
"Queer Borders: Figures from the 1930s for U.S.-Canadian Relations"
[*American Quarterly*, vol.49 (1997), pp.504-530].

掲載されているのがアメリカ研究の雑誌なので，文学や文化や政治など幅広い題材に門戸を開いています。キーワードの背景を知っているとあらかじめ内容が想像つき，読む時の意識にひっかかってきます。

　題名を訳すと，「クィアな境界線 ── アメリカとカナダの関係を示す1930年代からの比喩表現」とでもなるでしょう。queerとは，もともと男性同性愛関係をあらわす語ですが，今は幅広いジェンダーとセクシュアリティの議論に使用されます。アメリカとカナダの両国関係にどうしてこれがからんで議論されているのだろうと推測しました。しかもfigureとは「数」や「人の姿」や「比喩」を示す言葉ですが，この場

合はどれだろうとちょっと迷いました。

　内容を読むと，北米の2国の不均衡な関係を今でも男女という比喩で語られます。ところが，大恐慌後の30年代に，John Steinbeck の *Of Mice and Men* のような男どうしのつながりを重視する小説が，両国関係の比喩に利用されたと分析します。これも一種「対等」な関係と言えるでしょう。読んだ後で分かるのですが，ここで言う「ボーダー」とは，国境であるとともに，ジェンダーに関する境界線の意味なのです。文化表象を政治のレヴェルとジェンダーやセクシュアリティのレヴェルで議論する見方をもちこんでいるのです。

　そういえば，*Canadian Bacon* というカナダを仮想敵にした政治家に翻弄されたアメリカのスパイが，カナダにありもしないアメリカ侵攻の陰謀をあばきにいくドタバタ映画がありました（たしか『ジョン・キャンディの大進撃』というとんでもない題名がついていました）。また映画『ダイハード3』では，犯人を追いかけるために刑事が最後に国境を越えます。一世を風靡した『ツインピークス』というTV番組でも，カナダは一種の治外法権の場として表現されていました。案外，この論文がもつ議論の射程は広いのかもしれません。どうやら，カナダ国境は，メキシコがある「国境の南」とは，ニュアンスが違います。

【題名でピンとくる】

　題名を見ただけで内容を推測する勘は，とても大事な能力です。この勘を習得するには，コンピュータやカードで検索

するよりも，図書館の書庫や大きな書店を自分の足で歩いたほうがいいでしょう。身体で覚えるというやつです。なぜなら，キーワードがはっきり判別出来ないと，コンピュータ検索は利用出来ません。

どうせなら実践的に勘を養いましょう。本が並んだ棚にそってどんどん歩いて，背表紙からどんな内容かを推測するのがいちばんです。目に留まったらすぐに本を開いて推測が当っているかを確認するのです。図書は分類されていますから，似た傾向や題材順に並んでいるはずです。さらに著者別になっています。この作業を繰り返すと，題名と内容の関係が分かってきます。また，気になる著者の名前などもピックアップ出来ます。

自分の手で調べた名前や言葉は頭に残るものです。本の表紙の印象も格別です。カタログの文字の列とは記憶の鮮明さが違います。時には表紙のイラストや文字のロゴ・デザインで内容を鮮やかに思い出すことさえあります。他の論文を読んでいて，題名や人名が「見たことあるなあ」と思い出せたらOKです。

こうしたインプットも初期の段階では必要ですし，何よりも自分の検索能力への大きな投資です。ひまな時に，図書館を歩きまわったり，それが出来なくても，単行本のカタログやデータ一覧を見ておくのは，けっして時間の無駄ではありません。

<2-3> 要点をすばやくキャッチする

【主題文を発見する】

　題名の後にいきなり本文が始まっていて，論者が選んだキーワード群や要約といった親切な手がかりがない場合があります。その時には，本文だけが頼りとなります。

　雑誌論文なら，まずは掲載された雑誌の傾向を調べましょう。「政治学」の雑誌に「文学研究」や「心理学」の論文が載ることはないのですから，自分が読んでいる論文がどのジャンルの雑誌に掲載されたのかをチェックするのは，最低限のマナーです。さらに，雑誌ごとの傾向にまで考えがいたれば上等でしょう。

　単行本なら，裏表紙などに内容紹介や推薦者の推薦の言葉がないかを探しましょう。あれば，簡単な内容のチェックが出来ます。また，単行本の分類表示がないかも見ます。たとえば，History / Women's Studies とか，History / Anthropology / Sociology と入っているはずです。これも対象領域を示す大切な手がかりです。さらに，タイトルページの裏に，図書館用の分類番号があらかじめ記載されている場合もあります。そこから，著者や出版社が考えている内容の傾向がわかります。

　さて，題名からキーワードを抜き取ります。でも，内容の見当がつかなかったり，判断に迷う時もあるでしょう。その場合，発見すべきなのは，論者の主張あるいは結論部分です。

本文からその部分をピックアップするのです。

「序論」という小見出しがついたセクションがあればそこにあります。通常の雑誌論文なら，冒頭から10パーセントの分量にあるはずです。20ページなら，2ページくらいまでです。単行本でもだいたい1割前後が目安です。ハリウッド映画でも導入部は全体の1割くらいまでと相場が決まっています。

論文の主題を示す文の表現としては，次のようなバリエーションがあります。

> I argue....
> I consider here....
> My general aim is....
> My discussion will be focused on....
> The purposes of this paper are....
> This study reviews....
> This article shows ....
> This essay traces....
> This book is a study of....
> In this essay,...

いずれも，実際の英語論文から取ってきました。上記の表現は，読む手がかりだけでなく，書く時にそのまま使えます。どんな議論を始めるかを予告しなくてはなりません。このように，はっきりと何を議論するのかを述べている箇所が，主

題文 (thesis statement) なのです。

　雑誌論文では,「序論」という名称がない時があります。代わりに章題や番号をつけない数パラグラフが置かれることがあります（言語学などでは「0」と記載します）。それが「序論」のかわりで, 問題点の所在や過去の議論をあぶりだし, 自分の主張を書きつけ, さらには, 論文の各パートがどのような議論を展開するかを予告さえします。

【雑誌論文の主題文】

　では, 雑誌論文を取りあげて, どのように主題文を提出するのか見てみましょう。次の論文は, 序論の部分が3つのパラグラフからなっています。

Nicholas Reeves
"Cinema, Spectatorship and Propaganda: 'Battle of the Somme' (1916) and its contemporary audience"
[*Historical Journal of Film, Radio and Television*, vol.17 (1997), pp.5-28].

Reeves は, まず最初の2つのパラグラフで, 映画研究のなかで映画の観客論を議論してきた Laura Mulvey, Tom Gunning, Janet Staiger がどれも理論的で不十分だったときめつけます。そして歴史研究がもつ「経験主義」的な分析を導入することで, それ打開出来るとしています。

<2-3> 要点をすばやくキャッチする

Certainly careful, empirical analysis of the surviving data is central to mainstream of historical scholarship, and this article is an attempt to explore just how productive such methods can be when applied to the analysis of the way in which one particular film was received by its contemporary audience.

［訳］たしかに，現存するデータを注意深く，経験主義的に分析することは，歴史研究の主流に位置している，そして，この論文が試みているのは，そのような方法が，ある特定の映画が同時代の観客に受け入られる仕方の分析に応用された場合，どれだけ生産的なのかを追求することである。

ここから，「経験主義」的な方法がもつ有効性の主張があります。そして，最後の結論部分で，Reeves は自分のやり方はかなり生産的だったとみなしています。冒頭にあった主題文の主張が確認されたと断言するわけです。もちろん，読者は，実際に本論を読んで，Reeves が攻撃していた従来の映画研究とどこが違って，どれだけ進展したのかを確認出来ます。

【単行本の主題文】

単行本の主題文は，雑誌論文と同じで最初の序論の部分にあります。全体が長いので，かなり読まないと姿をあらわさないのです。それなら，**序論の冒頭と最後**の双方向つまり前後から攻めていきましょう。どちらかの目につく箇所にある

はずです(もしもなければ,それは「クズ」論文でしょう)。

　次の研究書は長い序論をもつ例です。こちらも,さきほどの Reeves 同様にイギリス映画を扱っています。

James Chapman
Licence to Thrill: A Cultural History of the James Bond Films (I. B. Tauris, 1999).

題名はスパイ映画の００７シリーズのひとつ『殺しのライセンス』(*Licence to Kill*) にひっかけたものです。1962 年の *Dr No* から 1997 年の *Tomorrow Never Die* までを論じている本です。著者の Chapman は,イギリスの放送大学 (Open University) で,映画とテレビの歴史の講義をしています。

　Chapman は「序章」で,「James Bond 映画を真剣に取り扱う」と宣言しています。序章は 18 ページですが,本文だけでも 277 ページあるので,決して多い分量ではありません。ただし,ここに関心や方法論についての情報が詰まっています。まず,「ファン」として子供の頃 Bond 映画を見た思い出など個人的なことを書いてありますが,これは過去形なので,とばして読めます。ついで批評史を回顧し,今までボンド映画の批評を理論家や学者もしてきたが,どれも不十分だったと指摘します。Bond 映画は「アメリカ資本」だからイギリス映画ではないと言われるけど,『炎のランナー』も同じだと反論しています。さらに,Umberto Eco などの記号論者や社会学者による過去のボンド映画研究や議論を整理し

ているのです。これも紹介なので，取りあえず飛ばせそうです。

　こうして読んでいくと，16ページの最後で，やっと，主題文につながる箇所が出てきます。

This book arises from a desire to subject James Bond films to the same sort of critical scrutiny that has recently been applied to other areas of popular cinema.
　［訳］この本を書こうとしたのは，James Bond 映画を，ほかのポピュラー映画の領域に最近適用されてきたのと同様の細かな批評的読みに委ねたいという欲望からである。

そして，続けて，スパイスリラー映画のジャンルのなかでの Bond 映画の位置づけや，映画内のジェンダーの表象や映像のスタイル分析といった映画のテクスト分析もやるし，映画産業の変化と社会の変化を見るといったコンテクストも分析することが示されます。それによって，今広範囲に議論されている「イギリス性（Englishness）」という概念が，歴史的・文化的に形成されてきたようすを見たいんだ，とする目標が出されます。単行本なので，かなり欲張った目標が提示されています。

　Chapman の本では，彼のねらいが何かを理解するには，主題文を意識的に見つける必要がありました。なにしろ「序章」だけでも，雑誌論文1本分の分量があります。しかも，主題文は，その序章の後ろから2ページ，つまり，最後の1

割くらいにありました。これくらいの定位置にくるのが一般的です。

　しかも、こうした主題文の前後には、分析の対象と方法がしっかり書かれています。何をどのように分析するかについて説明しているのです。長い本文を読む目安となります。頭のなかに、序章であらかじめ「地図」を作っておいて、それを確かめながら読んでいきましょう。あたりまえですが、絞りこんだ情報による地図を手に旅をするのが賢明です。あまり詳細な地図だとそれだけでも読解するのが難しくなります。

【結論を見る】

　もちろん、始まりがあれば、終わりがあります。論文の最後の締めくくりは、いろいろと面倒な作業を終えた後なので、簡単な表現になっているものです。ですから、序の部分を見ても内容の見当がつかない場合は、論文の最後をさっさと見て、そこにある結論を読みましょう。

　犯人あてのミステリー小説でもないかぎり、結論部分を先に読むことはべつに罪深くはありません。店頭で本を探している時、気になる本の「あとがき」から読むことがあります。あれと同じです。論文では、すばやく内容を把握するために、むしろ奨励されるくらいです。どんな目的や結論をもっているかが早目にわかれば、自分の関心や利害と結びつくかを識別出来ます。

　Conclusionと表記されていなくても、最後のいくつかの

パラグラフに結論が書かれているはずです。ただし、結論がたんなる終わりではなく、続きのプロジェクトの予告が含まれていることもあります。その例を見ましょう。

Leo H. Kahane
"Anti-Activities and the Market for Abortion Services: Protest as a Disincentive"
[*American Journal of Economics and Sociology*, vol.59 (2000) pp.463-83].

妊娠中絶をめぐる対立のなかで、反対派の行動が、妊娠中絶の数を減らし、結果として費用を高価なものにする効果があったことを証明しています。その結論部分はこうです。

The market for abortions is, in some respects, no different than the market for other services: the law of demand is applicable and demand for abortion services is an increasing function of income.
　［訳］妊娠中絶の市場は、いくつかの点で、他のサービスの市場とかわりない。つまり、需要の法則が適用出来、妊娠中絶サービスの需要は、収入につれて上昇する関係にある。

要するに、収入が増えたらそれだけ高い価格のサービスを受けられるので、妊娠中絶手術をしやすいということです。特権的なサービスになったわけです。そして、いちばんお終い

に，今まで経験的に語られてきた社会的な行動と経済的な費用の関係をもっと詳細に分析したいとするKahaneの考えが述べられています。

Such a project, of course, would depend on the availability of the required data. I hope to return to this problem at a later data and report the new evidence.
［訳］もちろん，そういったプロジェクトは，必要とされるデータを利用出来るかどうかにかかっているのだ。もっと最近のデータでこの問題に立ち戻り，新しい証拠を報告出来たらと思っている。

これは次のプロジェクトを行うのに必要な費用を獲得するアピールとも読めます。また，同じような考えでプロジェクトを進める仲間を求める言葉でもあります。共鳴した学者がコンタクトを取って，共同研究となる例も少なくありません。ですから，時には，英語論文が新しい研究のプランを提出する役目も果たすのです。

【要点のある位置】

　このように主題文が置かれている場所は限られています。本文の先頭か最後尾でしょう。キーワードをそこから抽出し，内容を即座に理解しましょう。こうした最初の段階を手早く終えることが，その後の処理スピードを決めるので，ためらうことなく，論文内をいろいろと積極的に探し回るべきです。

そして、論文にたいする自分の評価や価値判断をはっきりさせるのです。「使える」、「使えない」。「やさしい」、「難しい」。「今すぐ必要」、「あとで大切」。「賛成する」、「反対する」。そういう判断をくだしておくのです。かなりの精度で当るようになるには時間がかかりますが、最初から自分の意見をもつ努力が大切です。なぜなら、自分の意見をもたずに論文を読む習慣がついてしまうと、他人の判断や権威を鵜呑みにしたり、時には丸写ししてしまうといった「犯罪」をしかねません。

　論文の主題文を見たら、ペンなどでそれに関する自分の意見を書き添えておくといった習慣をつけるのもいいでしょう。「賛成」とか「反対」と書きこむ人もいます。いずれにせよ、論文の要点のある位置がそのまま自分の価値判断をすべき位置だと心得ておいてください。

<2-4> パラグラフに気をつける

【パラグラフ単位で考える】

もともと、論文は情報の配置にやかましいものです。しかも、英語論文は、パラグラフ単位で出来あがっています。パラグラフは日本語の段落とはイメージが異なり、パラグラフひとつにポイントをひとつ置くのが基本です。パラグラフに含まれる要素は、あるポイントを展開して言い換えたものか、今までの流れと反対となる別のポイントを述べるものだけです。

こうしたパラグラフがレンガのように積まれて全体像が出来あがっています。あるいは、全体像が出来あがるように、部分を積み重ねていくわけです。こうしたパラグラフの配置を「**アウトライン**」と呼びます。読む時には、アウトラインというパラグラフの配置や連結を意識するわけです。論文のアウトラインを考えると、内容を図式化しやすいでしょう。

すでに述べたように、論文の議論の配置は「序論」、「本論」、「結論」です。パラグラフもその配置に従います。それぞれが複数のパラグラフから構成されていますが、基本的には、集団ごとに性格づけされています。そこで「この部分のポイントはこれ」といったメモを残すと流れを理解しやすいでしょう。

つまり、ひとつ目のパラグラフから順に読んでいく必要はありません。ひとつのパラグラフを、1文あるいはカード1

枚と考え，それが並んでいると思えばいいのです。序論が5つのパラグラフからなっていれば，最大でポイントは5つだと思えばいいのです。全部で5文で済むと思えば，かなり気が楽になるでしょう。

　英語論文がパラグラフの有機的な結合を目指している以上，論文の「序論」と「結論」を押さえると，真ん中の流れが推測つくはずです。議論の展開が直線を目指しているからです。前の部分で提起された問いが，次の部分で解明され，また新しい問題提起がおこる。こうして問いと答えが鎖状に順序よくつながっていき，最終的にすべての要素が1枚の絵となるのが理想のすがたです。この定式に従っているので，両端を押さえると，途中の議論の方向が見えてくるわけです。

【小見出しを拾う】

　英語論文の流れを読みとるのに利用出来るのは，途中で登場する小見出しです。論文がさらに小さな章に分かれて，「1，2，3」という数字だけでなく，親切にも小見出しがついていたりします。そのまま内容の紹介ですから，議論の方向をたどるのには便利です。

　ためしに次の論文から小見出しを拾いました。

Catherine Jurca
"Tarzan, Lord of the Suburbs"
[*Modern Language Quarterly*, vol.57（1996）pp.479-504].

これは3つの章から出来ています。

"Suburban or Savage?"
"The Anglo-Saxon Home"
"The Big Bwana of Tarzania"

それぞれ順に「問題提起」,「論証」,「結論」に相当します。
　E.R.Burroughsという国民的な大衆作家が, 自分の小説の売り上げを基にして, アメリカの郊外にTarzaniaという自分の楽園を作ろうとしました。それがそのまま帝国主義的な欲望となっていて, アフリカを舞台にしたTarzan物語に大きく影響を与えることを論証しているわけです。つまり, 作品を成立させている条件を, Tarzan作品の内容と作者をかこむ実社会の関係のからあぶりだしていくのです。ある時代のなかで, アメリカの現状がアフリカと重なっていくわけです。
　ですから, 結論にあたる3章の題に「だんな」という意味のbwanaというアフリカのスワヒリ語が使われているのは偶然ではありません。アメリカの郊外にいながら, 彼にとっての理想的なアフリカ物語を書くことで, じつは, 自分の暮らしている社会の関係を描きこんでしまうわけです。ここには, たんなるモデル問題や伝記研究では終わらない新しい傾向を示す議論が登場しています。

【キーワードをつなぐ】

　パラグラフの内実を見ながら,チェックするには,キーワードをつなぐことです。キーワードは,何度も出てくることで力を発揮するからです。もちろん,代名詞になったりしながら何度も登場するのです。キーワードとは何よりも頻出する語句のことです。論者が議論の手がかりとする考え方を端的に示してくれます。

　ただし,英文では,論文作法として,議論を展開する時に,他のキーワードと対立関係を保ちながら,別の表現に言い換えていくのです。キーワードを狭くとって,ずばり同じ言葉しかチェックしないと,論文内での議論の流れをたどりにくいでしょう。

religion → God　　→ the Almighty → spiritual
money　 → riches → wealth　　　 → material

これは,宗教と富との関係を論じている論文の1パラグラフ内での言い換え例です。言いたい内容をそのまま保持しながら,別の言葉におき換えて議論が推移するのが分かると思います。

　論文を読む時には,語句のレヴェルでの平行関係をきちんと追いかける必要があります。主題文やパラグラフのトピックセンテンスを読むだけではすまない「肌合い」を伝えてくれます。英文の流れのなかで,縁語のような言い換えをたどる練習が必要です。

対比するというのは，英語全般がもつ特徴ですが，自分の独自性を打ち出したい論者は，それを強く意識します。

Bruce E. Fleming
"What is the Value of Literary Studies?"
[*New Literary History*, vol.31（2000）pp.459-476］．

Fleming によれば，19 世紀では，文学を味わうのは "because it makes us better people" だったが，20 世紀は "because it is there" となったのです。理由に変更が起きたのです。そして，21 世紀において，この 2 つの考え方を歴史的な経過としてではなく，今も議論すべき「発見的な（heuristic）」価値をもつ知のパラダイムとして対決させながら新しい考えを探ろうとします。つまり，どちらも終わってしまったのではなく，2 つの考えを対比するなかで，いわば弁証法的に，次の新しいパラダイムを求めているのです。

【対決している相手を探す】
　論文においては，対決する魅力的な相手があってこそ，議論は鍛えられます。ですから，論文を読むチャート化でも忘れてはならないのは，分析対象だけではなく，議論をぶつけて対決している議論の相手です。さらに，自分の議論を効果的に進めるためには，どうしても対象以外に，自分と相手を比較対照する第三者が必要です。これを意識することで，自分が述べている議論の妥当性や見解の新しさがわかってくる

のです。

　英語論文では,とくに過去の定説や他人の説との対比が重要な役目を果たします。意見を対決させる相手は,考えを発展させるのにとても役立つのです。ですから,論文を読む場合も,たんに対立関係を確認するだけではなく,どのような相手から何を学び吸収したかを知るのも重要なヒントとなります。

　なぜなら,よほどひねくれた論文でないかぎり,議論をぶつける相手からも方法論や目のつけどころを学びとっているからです。そうした学ぶべきポイントのない論文と対決しても不毛な結果となります。こうした態度は,自分が論文を書く場合の参考になります。

<2-5> 手早いチャート化を実践する

【キーワードの抜きとり】

　では,「社会言語学」の分野の意欲的な論文を取りあげ,論文の大切な主題を抜きとる作業を実践しながら, その注意点を指摘します。ひとつの論文からどのように抜き出すかの目のつけどころを習得してください。

Stephanie Marriott
"Dialect and dialectic in a British War Film"
[*Journal of Sociolinguistics*, vol.1 (1997), pp.173-193].

　まずは, 題名からキーワードを抜き出しましょう。後半の「ある1本のイギリス戦争映画のなかでの」は理解出来ます。これは分析対象つまり材料を示すわけです。でも, 問題は前半の dialect と dialectic でしょう。辞書をひくと, それぞれ「方言」と「弁証法や弁論術」という意味です。「社会言語学」の雑誌ですから,「方言」はすぐにわかります。そして「弁証法や弁論術」も, たしかに言語学の範疇でしょう。
　どうやら, このスペルが似た2つの言葉を並べたのが Marriott のねらいです。とりあえず, この論文を読んでいくキーワードがこの2つだと断定出来ます。そこで, メモ用紙にでも, 単語を抜き出して, チェックしておきます。

【要約をチェックする】

　うれしいことに、この論文には「要約（abstract）」がついています。そこで次には要約をじっくりと読みます。

British popular cinema in the 1940s was a key site of struggle over images of national identity and national unity. This paper discusses the representation of sociolectal variation in one British film, the 1942 *In Which We Serve*, and argues that the distribution of sociolinguistic variants in the film makes a significant contribution to the film's construction of a hierarchical model of social organisation. The simultaneous privileging of a standard variety and emphasis on sociolectal diversity is discussed in terms of underlying Churchillian paternalistic rhetoric, and it is argued that there is a correlation between particular representations of sociolectal variation in films of this period and particular kinds of hegemonic effect.

どうやら *In Which We Serve* という映画が対象だとわかりましたが、困ったことに、題名に出てきた2つの言葉は出ていません。どうなっているのでしょうか？

　この場合考えられるのは、それぞれの語が別の表現に言い換えられていることです。しょせん用語は、概念を示すものですから、別の言葉で言えます。そこで、似た語句や関連す

る表現がないかと考えて候補を探します。

目についたのは，sociolectal variation とか，sociolectal diversity とかです。sociolectal とは「社会言語」とも訳されます。ある集団に固有の言語のことで，社会のなかでさまざまな階級が分裂した状態を前提とする表現です。1960年代に Roland Barthes を中心にフランス記号論で使われた言葉でもあります。これが dialect と結びつくのは理解出来ます。映画『マイ・フェア・レディ』を観てもわかるように，住んでいる地域だけでなく，身分階級でも言葉は違います。それが「社会言語」です。

さらに distribution と contribution はねらって対比させているようです。これも，Marriott の一種のレトリックでしょう。こうした部分は要チェックです。チャートをメモするならこんな感じでしょうか。

distribution　＝　sociolinguistic variants in the film
　↑
　↓
contribution　＝　construction of a hierarchical model of social oganisation

どうやら，ここがポイントのようです。「方言」は「社会組織」の序列のモデルとなるわけです。それが示されるのは，社会の対立を示すはずですが，それを表現した戦争映画が，社会の隅々にまで目が届いていることで，かえって階級など

<2-5> 手早いチャート化を実践する

の対立を超えた national unity をめざす作品となるのです。

【キーワードと小見出しを拾う】

　さらに，この論文には，検索用のキーワードが6個選ばれています。これも大切な手がかりです。

hegemony, class, British, film, dialect, variation

ここにも，dialectic はありません。代わりに hegemony が入っています。どうやらこちらが真のキーワードで，dialect と hegemony の関係が論文の基本のようです。ただし，hegemony と通じ合うからこそ dialectic が題名に採用されたはずです。となると，ここでの hegemony「支配権」というのは，一方的な上下関係ではなく，「弁論術や弁証法」のように相互的なものを含んでいるようです。これは，要注意でしょう。

　この論文には小見出しがあるので，順次ピックアップします。

(Introduction)
Popular British Cinema in 1940s
In Which We Serve
The Semiotics of Class
In Defense of the Status Quo
The Mobilisation of Consent

ここから序章の次の2つの章が映画の説明とわかります。次の3章と4章が「階級の記号論」と「現状維持を擁護して」となっているので、社会のことに話を広げているわけです。そして、最後の短い5章が「同意の総動員」というのは、軍事的な言葉と言語に関する言葉が合体したせいで、これが結論となります。小見出しから分かるのは、前半は戦争映画に関する説明だが、後半は、階級や現状維持に関する内容になり、最後は、戦争のために全員の同意をえるイメージを提示している流れです。

【序論を読む】

ここまで論文を形式的に眺めたわけですが、序論を構成する5つのパラグラフの内容を読んでみましょう。まずは冒頭の文です。

In his work on language and cultural conflict, Tony Crowley (1989, 1996) stresses the importance of historical context to an understanding of questions of standardisation and linguistic prescriptivism.

どうやらここで、対決する相手が出てきたようです。Tony Crowleyで、彼の論にチャレンジするのが、Marriottのねらいです。ならば、この2人がそれぞれやっている内容を整理すべきです。その観点から、序論のパラグラフの内容をたどると、次の情報が入手出来ました。

Crowley	(Bakhtin)	19世紀のアイルランドの議論
		18世紀の文法学者の著作
Marriott	(semiotics)	Churchillのパターナリズム
		20世紀の映画

どうやら, Marriott は, 映画内で登場人物が使用する言語的な差異を, 歴史の文脈と結びつけようと試みています。その考え方は, Crowley から学んだのですが, 対象を20世紀の映画にすることで, 方法論や議論の方向性が変わってきました。序論の最後はこうです。

It is only by paying attention to the particularities of the cultural and historical context in which the film was produced, I argue, that we can trace the ways in which linguistic and non-linguistic systems of signification work together to reinforce particular kinds of hegemonic effect.

強調構文を使って,「私が言いたいのは, この映画が作られた文化的・歴史的文脈の特殊事情に注意を払うことによってのみ, 記号作用という言語と非言語のシステムが一緒になって, 特定タイプの支配の効果を強化する際のやり方の跡がたどれるということだ」と言い放っています。

　序論の最後の部分を読むと, どうやら, Marriott がやろうとしていたのは, Crowley が Bakhtin を使うことで, 18

世紀や19世紀を題材にしたせいで文字素材だけだったのを、映画を素材にすることで、記号論を接合して、社会言語学が扱う対象を広げたことわかります。つまり、non-linguisticな面も記号論によって扱えるわけです。これによって映像までも巻き込んだ分析が可能になります。

　もうひとつは、Churchillのパターナリズムが、映画という上から押しつけに見えない素材を通じて作用していることを明らかにしていきます。言語の「標準化」や「規範主義」とは一見異なる「方言」や「社会言語」を映画のなかで分配して保証しつつ規範化する動きです。これがhegemonyという語で示そうとしたことでしょう。

【本文を読む前に】

　ここまで序論を読めば、本文を読む前に大体の見当がつきます。あとはMarriottが述べているポイントを、文章中で確認していけばいいのです。そして、いったい映画研究とはつながるのか、とか、national identityの形成の問題とfeminismが交差出来る点を示そうとしているように見えるがどうか、といった疑問点を投げかけられそうです。

　一応この論文は私にとっては、「あたり」の論文に見えます。詳しく読む前に、キーワードをチェックして一定の評価を下せたことはラッキーでしょう。本文を読む前にこのように、キーワードのチャート化をしておくことで、あたりはずれも早くわかってきます。どれだけ労力をかけて読むべきかも見えてくるのです。

形式的なチェックから始まって，内容の深い理解へいたることです。つまり，論文の本文をいきなり辞書片手に読むことは，労力の割りに得るところが少ない場合があります。それには，遠回りに見えても，論文の形式上のチェックをしましょう。

● コラム ●

「パラグラフを理解する参考書」

英語のパラグラフと日本語の段落の違いは，早急に理解すべきものです。最良の参考書のひとつは，澤田昭夫『論文のレトリック』（講談社学術文庫，1983年）でしょう。政治思想学者である澤田は，自身がアメリカの大学でうけたトレーニングに基づき，パラグラフの働きを明快に説明してくれています。

また，現代思想論を専攻する小河原誠の『読み書きの技法』（ちくま新書，1996年）も，「パラグラフの理論」から始まり，まさに読み書き双方に渡ってのヒントを盛りこんでいます。とくに単なる接続詞だけではない「論理関係明示子」に注目して，文をつなげる方法を具体的に提案しています。

英語のパラグラフを読解するのに，最近では「パラグラフ・リーディング」が提案されています。入試英語の参考書でありながら，その制約を超えたものが，福崎伍郎・島田浩史『パラグラフリーディングのストラテジー』（河合出版，1999年）です。小河原の「論理関係明示子」と重なるような「論理マーカー」と「筆者の視点マーカー」という整理で，パラグラフの読み方を入試問題の英語を利用しながら説明してくれます。

さらに藤本滋之の『やさしく書ける英語論文』（松柏社，

2002年）はパラグラフの構築と展開について英語論文を題材に説明してくれています。

第3章

「英語論文を上手に歩くには」

<3−1> 読みながら問いを投げる

【他人の問いは頭を活性化する】

　論文は「問い」とその「答え」から出来ています。論者が疑問に思ったことへの解答が、とりあえずの仮説として論文になっているわけです。私たちは論文に盛られた他人の「問い」を知って、自分の「問い」を生み出すことへとつなげるわけです。それが論文を読む意味です。

　ただし、答えの鮮やかさだけではなく、論文がもつ問いかけにも新鮮さが要求されます。物の見方や感じ方の思いがけないすばらしさも論文の評価の対象です。なぜなら、アウトプットを念頭に他人の論文をインプットする時、自分の考えを活性化する新しい刺激に触れる必要があるからです。もしも、現在の新鮮な切り口の問いかけを知らずに、自分が過去に書いたレポートや論文の内容をコピーし続けるなら、それは最悪です。「時代遅れ」や「ひとりよがり」という末路が待っています。

　新しい論文を書くには、自分の「常識」や「先入観」に支えられた凡庸な思考パターンを崩さなくてはなりません。私たちがもつ「常識」や「先入観」は、論文を読んだり書く際に、その内容を制限する執念深い力をもっています。他人のさまざまな論文に触れることは、そうした常識的な見方を解体するヒントとなります。

　自分とは異なる見方や思考に自分を開いて、時には積極的

に受け入れる必要があります。多様な見方の存在に驚くはずです。お正月の雑煮に入れるお餅の形や具の種類のように,自己流が当然と信じていても,ほかの地域やよその家庭との違いを知るとびっくりします。ただし,それを受け入れるかどうかの判断するのは自分です。外に開きつつも,それに流されてはいけないのです。

【疑問をぶつける】

とりあえず,こうした作業を効果的におこなうには,相手を受け入れつつ,しかもその論文の主張や仮説に,自分から疑問を発することです。内容をよく理解した上で,結論などを鵜呑みにせずに,逆らいつつ読むのです("against the grain"「逆目をたてる」という表現があります)。

では,新しい方向性を探ろうとした次の論文を題材に,相手の「問い」をまなびつつ,こちらから新しく「問い」を発してみましょう。

Jeffrey T. Schnapp
"Crash (Speed as Engine of Individuation)"
[MODERNISM/*Modernity*, vol.6 (1999) pp.1-49].

イタリアとフランス文学が専門である Schnapp は,テクノロジーが生み出すスピードが人間の感覚にどのように作用するかを,「個人化」という観点から分析しています。

Every culture has its founding myths, and a culture like our own, built upon the worship of technics and science, is no exception to the rule.

［訳］どんな文化も創世神話をもっているが，技術と科学の崇拝に基づくわれわれ自身の文化もその規則の例外ではない。

いかにも文学研究者の手になる，かなりさっそうと話を始める論文です。しかもこれは単行本サイズの大きな仕事の一部なのです。全体のプランは，17世紀から現在までの事故が人に与えた影響です。Andy Warhol のシルクスクリーン作品やこの題名の由来となったＳＦ作家 J. G. Ballard の小説 *Crash* までたどるのです。その小説は，交通事故の体験が，性的な感覚を変えたというショッキングな設定のもので，映画化もされました。

今回の論文で Schnapp は，イタリア未来派の旗手 Marinette の宣言が彼の交通事故の体験とつながると論証します。これが現代の創世神話だというのです。そして，スピードの出る車に乗ることが，プレモダンからモダンに人間が変身することと関連します。人間と機械が結びついて生まれるスピードが，感覚やビジョンを刺激し，英雄主義を広げ，遊園地でスリルを求める乗り物を笑いながら乗るようになったというのです。その背景には，馬車から蒸気機関車そして車へという交通手段革命で，18世紀から19世紀の人間の感覚が変化したことと関連するとします。Julie Wosk の *Breaking Frame: Technology and the Visual Arts in the*

Nineteenth Century (Rutgers University Press, 1992) は, Schnapp の参考書のひとつです。Schnapp が文学研究から発したのとは異なり, 技術史と美術史が交差した地点で議論を進める本です。感覚の変化はそこらの議論を取りこんでいるようです。

さて, 読んでいくといろいろな「問い」が生まれてきます。Schnapp が不十分な点を責めるより, 触発されて自分なりの問いが発見出来るかが大切です。たとえば私のノートはこんな感じになりました。

「事故や衝突が重要なイメージになったきたことが理解出来た。正面衝突や事故のイメージは, 沈没したタイタニック号を考えても分かるが, 社会での民族や階級や宗教や男女の差異が生みだす軋轢も連想させる。偶然に異なる背景を持った人の運命が交差することで, 社会関係があかるみに出る。事故には, そうした面もあるが, Schnapp は, 個人の側面に目をむけすぎている気がする。」

論文が提示している仮説から, こうして自分なりにいろいろと連想をするのです。たくさん連想させてくれるのが, すぐれた論文だとも言えるでしょう。反射的に思いついた考えの多くは, すぐには答えもでませんし, そもそも的外れかもしれません。けれども, ひとつの論文から問いをいくつも見つけるのも, 英語論文の海を歩きまわる楽しみのひとつであり, さまざまなヒントを見つけるチャンスなのです。

【自分の問いを発展させる】

「衝突」が、社会のなかでこれほど重要な意味をもてば、社会のルールを変えます。法律などの規範への影響です。そうした衝突や事故の体験をめぐる19世紀の議論を扱いながら、アメリカでの船の遭難や事故がどのように文学に表象され、当時の法律とどのように結びついているかを分析した研究がありました。

Nan Goodman
Shifting the Blame: Literature, Law, and the Theory of Accidents in Nineteenth-Century America
(Routledge, 2000).

Goodmanの本によると、19世紀に増えた事故によって、「怠慢」とか「非難」という観念が、今までと違って人間に関連するものとして定着したといいます。誰かが不注意だから起きたとか、事故の責任を誰かに押しつけて非難する感覚の誕生です。さきほどのSchnappがいささか楽天的に描いた現象の裏面をえぐっています。Goodmanの論文を利用すると、法意識をもちだすことで、もっと奥深いイメージで、スピードと事故の問題を捉えられそうです。

Goodmanは、文学研究を修めてから、法律を研究した人です。分野を越境する仕事は最近増える傾向にあります。医学をやってから歴史学、あるいは音楽学をやってから心理学をするなどの多様なパターンがあります。結果として医学史

や音楽療法の研究を進める人が出てきます。こうした「脱領域」的な研究はますます広がっていますし、カルチュラル・スタディーズとして、広範囲な関心を引くことになるでしょう。

「事故」つながりといった連想で問いかけながら、新しい傾向をもった文献を検索するのです。時代や領域を変えながら探すわけです。そうして、自分がもった関心の所在がどこにあるのかを確かめていくのです。最初の論文が提出したインパクトを受けとめ、自分の問いを「発明」する。そして、次に関連する論文や資料を探して、自分の問いを磨き、さらに新しい論文や資料へと向う。学問研究とはそもそもこうした作業の繰り返しなわけです。

【古い論文のリサイクル】

もちろん新しい論文からヒントをもらうだけではありません。この本はとりあえず1990年代以降の新しい論文を対象にしていますが、価値のある論文は、それ以前にもたくさんあります。アンソロジーで読むことも出来ます。ただし、そのままでは現在の文脈では扱えません。50年前の論文を、50年前の価値観で読んでもあまり意味はないのです。

現在の問題や関心に使えるようにアクチュアルに読まなくてはならないでしょう。いわば古い論文を再利用するのです。価値ある定番の論文を、現代の視点からリサイクルするわけです。そうしながら自分の考えを鍛えていきます。先人の考えを鵜呑みにせず、ていねいに注釈を加えながら「逆目をた

てて読む」わけです。その過程で現在の関心が強烈に加わるのです。そして、何度も再利用可能なものが「古典」と呼ばれるのです。

　文系の学問でも由緒ある「文献学 (philology)」の分野では、ギリシア語やラテン語による過去のすぐれた古典文献に注釈をつける作業が主流になってきました。羊皮紙に書かれた写本や印刷本から、誤字や誤記のないきちんとしたテキストを編纂し、関連する語釈を充実させ、さらに背景理解の注釈をつけるわけです。先人の成果を読む作業をていねいに行いつつ、そこから新しい関心を拾い出します。

　ですから、今でも古典の「精読」や「注解」が行われます。古代ギリシアの Aristotle が書いた『ニコマコス倫理学』に新しい光をあてた次の論文もそのひとつです。

Thomas W. Smith
"The Audience of the *Nicomachean Ethics*"
[*The Journal of Politics*, vol.62 (2000) pp.166-186].

これは西洋古典学ではなく政治学の雑誌に載った論文です。つまり過去の文献学的な関心よりも、現在の「政治行為」に関わるアクチュアルな内容として、ギリシアの哲学者の論文を読みなおしたわけです。中で問われているのは、『ニコマコス倫理学』が「聴衆」へ教育的に働きかける点ですが、アメリカの大統領選を見ればわかるように、今でも有効な手段です。ポリス社会から連綿と続く弁論術を考えるなら、『ニ

コマコス倫理学』という 2000 年以上前の議論の検討が現在も必要なのです。

こうした読み直しが出来る相手こそ「古典」と呼ばれる強力なテキスト群です。Plato など古代ギリシアの哲学者たちもそうですが、近代以降でも Adam Smith, John Locke, Marx, Freud, Darwin, Weber など。あるいは現代でも Foucault や Derrida や Arendt といった現代批評でも新しい古典となった人物はたくさんいます。全集やアンソロジーが編まれる論者は、それだけ検討に値する重要な思考を提示しているわけです。そして、批評の批評によって意見は活性化されていくのです。

文系の学問では、このように過去の遺産を編集し直すことも新しい成果となります。知の財産を編集し、新たな視点で選択することで、現在の思索に必要な知のカタログを作っていく。その時に、古い論文からどのような角度で問題点を切りとるのかに関して、オリジナル性が問われるのです。リサイクルをするとはそういう意味です。

自分の問いをもち、説得力を獲得するには、こうした基本的な編集作業も忘れてはなりません。じつは、論文の注において、私たちは、各自の問いに関係する過去の論文や議論を編集し整理します。そして、本文でその流れに何をつけ加えたかを示すのです。その作業によって、自分が問いと答えの伝統のなかで思索をしていることを否応なく意識するわけです。

● コラム ●
「効果的なメモのとり方」

　英語論文を読みながら，自分が使いたい部分のメモを効果的にとる技術が必要です。メモ作成とは，犯罪捜査と同じで「洗い出し」,「証拠固め」,「調書作成」といった感じでしょうか。

（1）「洗い出し」
　気になる点をすべて洗い出していくわけです。
　論文のコピーや自分が所有する本なら，遠慮せずに，マーカーやボールペンで書きこみが出来ます。乱暴な手書きでは，美観をそこねると思えば，定規を使ってきれいに線を引くのもいいでしょう。
　いずれにせよ，読みながら，人名や書名，重要なキーワードを探しだし，ピックアップするわけです。さらに，これが主題文だと思ったら，二重線などを引いてチェックします。欄外にキーワードを抜書きするのも手です。こうすると単語のつづりも覚えますし，あとで論文に使用する用語選択にも便利です。

（2）「証拠固め」
　洗い出した証拠から流れをつかんでいきます。つながりを推理するわけです。事件の流れを組み立てます。この場合の流れとは，ピックアップしたキーワードをつなげることです。ざっとした見取り図を書きます。
　これは適当なところに書きつけておきます。
　雑誌論文の場合には，最初のページにある題名の周辺には余白があるはずですから，代表的なキーワードを並べて，その関係を線や矢印でつないでおきます。

本の場合は，裏表紙などにある余白に書きます。ポイントがたくさんあるなら，「p.50 simulation」といった感じでさっと書いておきます。そうすれば，すぐにページを開けます。自分なりの索引を作るのです。

（3）「調書作成」
　論文に引用したりするために，本格的にカードやノートに転記することです。参考文献の台帳となるものを作るわけです。
　最近ではパソコンが便利ですから，ファイルを作ってどしどし書きこむべきです。あとで加工しやすいです。
　引用文に出典を示す情報を記載しておけば，あとで参考文献一覧を作るのも簡単です。それに，前後に自分の考えの文章を足していくと，論文の一節が出来上がるというのもよくあることです。

<3-2> データを取り出して読む

【データに目をつける】

　論文を読みながら，その資料や引用や数値といった「**データ**」をしっかり抜き出しましょう。論文の中のデータが自分の議論に使えるだろうか，と考えるわけです。しかも，論文の「**主題**(theme)」あるいは仮説による主張が，それぞれのデータを統括しています。関連のないデータを無造作に羅列しただけで，分類もコメントもされないなら，論文として成立しません。ですから，データと「主題」との関連もしっかりとチェックしましょう。

　雑誌に掲載されるレヴェルの英語論文だと，そうした不備は少ないのですが，時には資料をそのまま放り出しただけで，結論がおざなりだったり，議論の中味がわからない論文があります。たいていそれはきちんとした主題や仮説をもっていないせいです。

　仮説の提出はそれ自体が意味をもちます。もちろん，データの裏づけのない場合には空疎とされ，机上の空論とか概念操作と罵声を浴びせられます。しかし，「このように推論出来るのではないか」という推論も価値をもつのです。もしもデータの裏づけによって間違っていることが証明されたら，そちらの方向に進む必要はないと考えて，封印すればいいのです。失敗から学ぶことはたくさんあります（わざわざ「失敗学」を提唱する学者もいます）。成功した論文だけがヒン

トを与えてくれるわけではありません。

【データをもらう】

　世の中には，新しいデータの収集，およびデータの吟味が主眼となった論文があります。仮説よりもデータのほうが魅力的なのです。ある作家の蔵書目録，民族別の家族構成や土地家屋の特徴の一覧，100年間の物価の推移を示す表，地域や個人の消費動向へのアンケート調査の集計といったものです。この場合，大切なデータは名前や数値で示されます。

　次の論文はお手本のような論文です。6000人のスイスの住人に面接アンケートをしたものが基本となっています。スイスの人口が730万人くらいですから，日本だと10万人以上に面接アンケートをしたのと同じくらいの規模でしょう。こうした基本的なデータはそれだけでも価値をもちます。

Bruno S. Frey & Alois Stutzer
"Happiness, Economy and Institutions"
[*The Economic Journal*, vol.110 (2000) pp.918-938].

ここでは，18世紀以来，個人的な「快楽 (pleasure)」と対立させられてきた「幸福感 (happiness)」を，どのような決定要因が決めているのかに関する研究です。年齢，性別，外国人かどうか，学歴，家族形態，就職状況，年収，直接民主制への参加の有無といったさまざまな指標で相関関係を探っています。

To discover the sources of people's well-being is a major concern in the social sciences. Many inquiries have been undertaken to identify the determinants of individual happiness. This paper analyses data on reported subjective well-being in order to directly assess the role of *democratic* and *federal institutions* on people's satisfaction with life.

［訳］人々の安寧の源を見つけるのが，社会科学の第一の関心事である。多くの調査が，個人の幸福を決定している要因を同定するために，試みられてきた。この論文は，人々の生活上の満足にはたす，「民主主義的」な「連邦制度」の役割を直接評価するために，主観的な安寧についてのデータを分析する。

このように真摯な態度で論文を始めています。スイスの直接民主制が国民の幸福感とつながるのかが論じられている点が興味深いでしょう。そのまま日本にあてはめても，社会への参加の度合いと「幸福感」という議論が展開出来そうです。

今のは面接アンケートでしたが，国勢調査のようなもっと大規模なデータの収集となると，国家的プロジェクトです。それだけに，収集したデータのすばやい処理や解釈は，時には統計学や数学さらには経済学や社会学をまきこみ，さまざまな方法論や仮説を生み出すことになります。なによりも，情報化社会となった近代社会では，こうしたデータの収集と処理が，政治や経済を動かす基本指標となるのです。コンピュー

タをはじめ，多量のデータ処理をし，社会の傾向をすばやく読みとる方法論が開発されました。処理されたデータによる基本指標にもとづき，多くの政策や施策が生まれたのです。

ちなみに IBM の原点となった会社は，19世紀末に増大したアメリカ合衆国への移民の統計を瞬時に行うため，パンチカードの穴を電流で読みとる機械を作って発展したのです。その後，IBM はニューディール政策のもと，2600万人分の雇用関係のデータを処理したといいます。

アンケートや社会調査は，後から研究を続ける人に有効な資料を提供するわけですから，これだけでもすばらしい業績となります。もちろん論文は，資料集ではない以上，エッセンスを取り出し，データに基づいた仮説の検証という議論の展開が求められます。表やグラフ化を通じ，視覚的に論旨に説得力を与えるのです。時には1枚の図表が，調査の結論を能弁に語ることもあります。

【歴史のデータを読む】

書面アンケートやインタヴューのような生の声ではなく，**書庫**（archive）で収集した文書データを処理する論文もあります。どちらかと言えば，文系の論文はこちらのタイプが多いでしょう。資料が古い文書となって各地に分散している場合には，それを探して，集めて，整理するのも大きな業績です。データの有用性は採集と処理の方法に深く関係します。

次の「経済史」の論文は，歴史資料から収集した新しいデータをひとまとめにした点に価値があります。

Jeremy Boulton
"Food prices and the standard of living in London in the 'century', 1580-1700"
[*Economic History Review*, vol.53 (2000) pp.455-492].

これはイギリスのピューリタン革命前後の時期を対象にして，食料品の物価と賃金などをさまざまな資料から抽出して，120年間の傾向を調べたものです。ねらいとしては，社会的な事件と経済指標の関係を新たに読みとることです。

　論文の付録として，「牛肉」や「兎肉」から，「小麦」，「卵」，「香辛料」まで21品目の物価変化をたどる表が載っていて，これが圧巻です。その元になったのは，いろいろな機関の出納帳や日記などの**手書き史料**（manuscripts）で，そこから何千という価格のデータを抜き出し，整理したのです。気の遠くなる作業の果てに，1枚の表へと結論を導いたわけです。

　ただし，これだけですと，経済史の1つのデータでしかありません。でも，文学作品やパンフレットなどに描かれた経済状況を解釈出来ますし，革命や王政復古の社会的事件の背景や誘因を理解する有力な資料となるはずです。民衆史の観点だけでなく，データを残した物品を購入する富裕層との交渉の問題もあるでしょう。この時期の価格形成に関する新しいモデルづくりに役だつかもしれません。ゆるやかに右肩上がりをした物価は，インフレ研究にも益するはずです。このように他の研究に利用してもらう目的で行われる貴重な調査や報告もあるのです。

フランスの「アナール派」に代表される歴史学の流れでは，生活史とも言える詳細な史料の調査によって，そこから歴史のパターンを探ろうとします。たとえば，あちこちの古文書からデータを収集し，1900年当時のある都市の人口の分布や階層を推定して，そこでのジェンダーや家族の問題を考えたりします。また，絵画や日記から気温の指標を抜き出し，気温の長期的な変化を探り，特定の国で産業が生じた遠因を探ろうとする研究もあります。たんなる文書記述ではなく，社会を構成する広範囲なサンプルを収集し，分類し，そこから結論を導くのです。これも新しい学問研究にとって重要な領域なのです。

【データは加工されている】

第1次世界大戦のような国際的な事件，ケネディ暗殺のような出来事，アメリカ合衆国での進化論をめぐる教育論争の変遷などを時間系列で整理してくれるのも，じつは大事なデータの提供なのです。よく知られた事件を知られていなかった資料や推測で，因果関係を新しく説明するのも，学問研究の大事な役目です。従来の見方を変えるわけですから。

もっとも，何らかの仮説を証明するためにデータは集められます。データは漫然と集められてはいません。効果的な選択が不可欠なのです。データの収集にだけ興味をいだく特殊な発想とは無縁で，論文に並んだデータは「生」のままではないのです。各論者は，自分の論に都合がよいように，データを選択し，整理し，加工します。そこで，論文を読みなが

らも，**数値**と**言葉**の2つのレヴェルで，データの妥当性を吟味しなくてはなりません。基本資料にもどって照合しなくてもある程度まで出来ます。

もしも不十分な点が見つかれば，論争など新しい議論の突破口ともなります。そこから，新しい研究の可能性が広がることもあります。そのためには，数値と言葉にたいする分析感覚を養う必要があります。データを取り扱うには，意識的にこの部分を鍛えなくてはならないでしょう。

【数値データとその危険性】

まず厄介なのは数値です。文系では，ややもすると，統計学的処理の訓練を受けたことがない人が，数値データの整理を行うことがあります。その結果，データの信頼度の吟味を忘れ，粗雑な結論を導きかねません。読者もグラフや図表の読み方を習っていなかったりします。

たとえば，「天気には，晴れ，曇り，雨の3種類がある。だから，明日晴れとなる確率は3分の1だ」。これがまったく言葉の上だけの非科学的な推論だとは，素人でもわかります。「生きるか死ぬかは半々だから，明日死ぬ確率は50パーセント」なんてまったく議論として変です。だいいち，それでは生命保険が成り立ちません。ところが，論文を読むと，こんな言葉の上での確率推定と同型の推論のものがあります。データの処理における検討やつめが甘いのです。

アンケートの統計ならば，出した結果の誤差の範囲を示すべきです。アメリカのニュース番組では，世論調査なども，

数字の有効性に関して、プラスマイナス 4 パーセントなど併記されます。ところが、日本のテレビの世論調査だと、生の数字をそのまま示し、アンケートのサンプルの吟味もないまま前回と比較し、安易な結論をくだすのが普通です。同じサンプルをくり返し調査もしないで、意識の変化を調べるとしたら、かなりの誤差が発生するのは避けられないのです。誤差があることは間違いではないのです。むしろ信頼度を示すものです。

　もちろん、意図的にあるいは無意識のうちに有利な結果をだしたくて、数字を不正処理したり、表作成上のごまかしがあります。データの項目間の相関関係を述べるなら、「有意水準」にあるかなどの最低限のチェックが必要でしょう。また、サンプル数が 100 を超えないのに、強引にパーセント表示をするのは危険です。グラフの書き方やサンプルの並べ方にも心理学的な鋭い突っこみが必要なのです。たとえ英語で出てきても恐れる必要はありません。とにかく、データを鵜呑みにしないでください。

　図表はデータの分類を視覚化したものです。そこで、統計学のように、データ処理に関する専門の学問が存在するわけです。統計学や数学は、文系学問と無縁ではありません。統計処理の常識をふまえると、「数字に弱い」＝「数字の盲信」という不幸な事態を避けることが出来ます（コラムの参考書を読んでください）。

【言葉への疑念】

　アンケートなどの数値データを加工する時には、統計学が利用出来ます。しかし、数値以上にやっかいなのは、レトリックやロジックとむすびついた言葉のデータの場合です。文系のデータの主流はこちらでしょう。ふだん使っているので、論理の基本を忘れることが多いのです。本来、基本的な三段論法の推論さえも習わずに論文を書くのはかなり無謀なはずです。ましてや英語だと表現の理解にとらわれて、論理をすっかり忘れてしまいがちです。

　ただし、古典的な論理学のレヴェルだけではなく、現在の論文は、記号論や構造主義など20世紀の文系の学問全体に衝撃を与えた言葉に関する「反省」のあとに書かれています。これは論理の技術だけではなく、「言語」や「記号」に関する考察を踏まえているのです。とくに、資料の文字表記を現実と等価にとらえてよいのか、に関して根本的な疑念が提示されました。歴史上の証言者や史料が語る「＊＊＊した」をはたして、そのまま素直に信頼してよいのかという点です。今までは、単純に「嘘」か「真実」かと二分割して白黒をつけようとしてきました。どこかに「真実」があると考えるからです。

　ですが、よく考えると「真実」と認定するのも言語ですから、語り口や表記が認定の鍵を握ります。皆が信じているものが真実とか、皆が信じたがっているものが真実という場合もあります。そして、そもそも言語が、現実を反映することが出来るのか、という難題もあります。人間の言語的偏見や

誤謬に汚染しない「普遍的な真理」が存在するかへの疑念もあります。

そして、議論を語る言語そのものに、精神分析の知見、さらに言語哲学的な考察が加えられました。言葉と物の関係をどう考えるのかという古くて新しい根底的な問題につきあたったのです。言語を記号とみなし、さらに「記号表現」と「記号内容」に分割してその結合の恣意性を明らかにしたスイスの言語学者 Saussure によって、新しい言語学が始まったのです。その影響は1世紀かかって、20世紀の学問研究のすみずみに浸透しました。

【証言の信憑性】

書き留められた文字が「歴史」や「事実」を証言出来るのかが鋭く問われたのです。客観的な基準に見える年表では、古い年代では、起きた事件はとびとびに表記されます。ところが、現代に近づくにつれて、出来事は詳細に記述されます。こうした年表をなんの不思議もなく私たちは受け入れています。もちろん、古代ローマ人と現代人で、24時間の意味や365日の意味が大きく変わったとも思えません。では、年表の空白のところには、「生活」はなかったのでしょうか？

こうした観点をふまえると、論文のアプローチも変わります。「不在」や「空白」を読むことへと関心が向かうのです。たとえば、文盲や外国人や子供だったので、自力で言語による記録を残せなかった人々の「声」を、裁判記録などの文献からあぶり出すことも出来ます。もちろん、その場合、声を

直接読み取ることは出来ないので，文字表記から意識的に「語り」を取り出す必要があります。

また，当時の常識や代弁者の見方によるバイアスがかかっている史料を，どのように解釈するのかをめぐる吟味が必要になります。テキストの読み方そのものや解釈に関する知見が必要でしょう。素朴に「日記」や「手紙」が真実を語っているとして，それを根拠に組み立ててきた議論も慎重に検討しなくてはなりません。「失恋したからこの詩（あるいは曲や絵）を完成させた」といった単純な論証は出来なくなります。それは心的作用を単純化したモデルによって説明しているからです。収集したデータの機械的な処理では，なかなか結論は出ません。

【ナラトロジーの台頭】

どうやら，歴史的な現象を分析する時にも，その分析を記述する時にも，「物語」が重要な役割をはたすのです。分析対象が，文書や発話や映像や画像でも，そこには「物語」があります。また，あらゆる学問の論文が言語を使用して記述されている以上，「物語」からまぬがれることは出来ません。

「プロット」や「視点」や「イデオロギー的解釈」といった共通項をたてて，語り方について考える方法が生まれました。それが「**ナラトロジー（narratology）**」です。現代のナラトロジーは，出発点だった物語文学の解析という領域をはるかに超えています。現象学など哲学や言語学さらにコミュニケー

ション論や精神分析学といった隣接学問を統合しながら議論が進ん出来ました。

そして，ポストモダンと呼ばれる新しい批評理論の影響のもと，ナラトロジーも大きく変貌しました。たとえば，以下の本は教科書で読みやすいですが，そうした流れを受けとめて，どのように現代のナラトロジーを構築するかを提示しています。

Mark Currie
Postmodern Narrative Theory
(Macmillan, 1998).

Currieは，ナラトロジーが果たす役割が大きなものだと確信しているわけです。そして「ポジション」というものをめぐって，どこかにある「本質」によるのではない生き方の選択が肯定されることになります。ポジションを意識することの重要性は，さまざまな現代批評で提起されているのです。

このように，英語論文を読む時ばかりでなく，自分が書く時に，データの吟味から始まる行動にも，根本的な「反省」を促がします。初心者はべつにして，次第に読んでいくと，どのように論文が成り立っているのかに関する自意識が必要になるということです。

理想を言えば，豊富で整理されたデータと，今後の見通しがたつすぐれたアイディアが結合し，それ自身十分に考えぬかれた語りをもつ時に，すばらしい論文が書かれるでしょう。

実際には、すべての条件もクリアすることはめったにないので、最低限、どれかひとつはすぐれていないと、論文として読む価値はないと言えます。

● コラム ●

「データ処理の参考書」

　数字のデータが羅列する論文を読むためには、数表やグラフになった数字を読む勘を養う必要があります。これを英語の教科書で学ぶのは大変ですから、日本語の文献で習得しておきましょう。文系で数学が苦手という人も、具体的な事例を基にすれば徐々にわかるものです。

　たとえば、ギャンブル社会学の泰斗である谷岡一郎の『ツキの法則』(PHP新書、1997年)や『「社会調査」のウソ　リサーチ・リテラシーのすすめ』(文春新書、2000年)といった確率や統計の罠をあばいた本は、どれも具体的で興味深い内容です。もっと本格的なものには、数学出身でOR (Operation Research)の専門家である新村秀一による『パソコンによるデータ解析』(講談社ブルーバックス、1997年)および『パソコン楽々統計学』(講談社ブルーバックス、1999年)があります。

　言葉によるデータを処理する根幹となるのはやはり論理学でしょう。野矢茂樹『論理学』(東京大学出版会、1994年)は、気鋭の哲学者による本格的な入門書です。もう少しやさしい内容のものなら、論理学史にも精通した山下正男による『論理的に考えること』(岩波ジュニア新書、1985年)があります。中学生向けに書かれているのでわかりやすいでしょう。

　また、日常の発想の罠から逃れるツールに、心理学によるク

リティカル・シンキングがあります。その入門書として，道田泰司・宮元博章『クリティカル進化論』(北大路書房，1999年)は，マンガの『OL進化論』を使いながら，「四分割」によるマトリックスで，場合分けをして考える方法を教えてくれます。

言葉そのもの成り立ちである比喩表現に関しては，瀬戸賢一『メタファー思考』(講談社現代新書，1995年)がお勧めです。瀬戸は英語学者なので，多数の英語の例文をあげてくれ，英語読解の練習にもなります。「月見うどん」はメタファー(隠喩)，「きつねうどん」はメトニミー(換喩)，「親子丼」はシネクドキ(提喩)といった意表を突く表現もあり愉快です。第3章には心理学や経済学との関連が説かれて興味深いです。

言葉のレトリックについては，佐藤信夫の『レトリック感覚』と『レトリック認識』(ともに，講談社学術文庫，1992年)があります。また，野崎昭弘の『逆説論理学』(中公新書，1980年)は，自己言及性という逆説(パラドックス)をめぐって，数学パズルなどをまじえて説明してくれます。言語学をめぐる20世紀の新しい展開に関しては，立川健二・山田広昭『現代言語論』(新曜社，1990年)が，簡潔な要約によって示してくれています。図書館などで探してみましょう。

<3-3> 注や索引を積極的に利用する

【論文における注の役割】

英語論文の中味をしっかりと把握しながら読むには、本文を理解するだけでは足りません。いわばそれは表の部分です。本文を支える隠れた部分は、注で表される背景、ひとつの論文や研究書を支える膨大な過去の遺産を指します。そこには多くの学者による思索や試行錯誤がたっぷりと詰まっています。論文が主張する仮説を、注が過去の遺産と結びつけているのです。

そういう意味で、論文には注が不可欠です。ここでいう注とは、参照した文献のデータを示す「文献注」です。具体的に例を見てみましょう。

Brandon Taylor and Wilfried van der Will, eds., *The Nazification of Art: Art, Music, Architecture, and Film in the Third Reich* (Winchester, England, 1990), 43.

Leo Bersani, *The Freudian Body: Psychoanalysis and Art* (New York, 1986), p.34.

Susan Buck-Morss, *The Dialectics of Seeing: Walter Benjamin and the Arcades Project* (Cambridge, MA and London: MIT Press, 1989), pp.244-5. Adorno was particularly sceptical of the dialectical image. See pp.120-1.

どれも論文の筆者が参照したページ数を表しています。最後の注では，Buck-Morss の本で参照すべき別の箇所も教えています。

【注の書式と配置】

こうした文献注の書式や配置は変化してきました。

第1に，脚注といって，ページのすぐ下におくタイプです。これは本文と注を同時に目にすることが出来て便利ですが，レイアウトの煩雑さから，現在はあまり好まれません。もっとも，パソコンでこうした配置が簡単に出来るようになったので，また復活の兆しがあります。

第2に登場したのは，文の末尾に番号を振っておき，後ろに注をまとめる形式です。多くの論文の標準的な形式となっています。後ろに次々と情報を足すだけなので，どんな長さの注にも対応出来ますし，本文には文末の注番号だけが書かれるので，見た目もすっきりとします。次のような感じです。

But *can* Shakespeare serve this function 'for all time', as Ben Jonson pledged of the appeal of Shakespeare's plays?[3]

最後に注（notes）がまとまっているので，ここをじっくり読みたいというタイプの形式です。単行本になると，数十ペー

ジに渡る注があり，ここを最初に読む学者もいるほどです。つまり，注の集積体が見渡せるのです。

　しかし，最近では第3の注の方法が主流になりつつあります。社会学や言語学といった分野での論文の書き方に影響された，後ろに参考文献名をずらっと並べ，本文には人名や書名と年号やページ数をそっけなく書く方式が浸透しつつあります。文学研究のような保守的な分野にも進出してきました。この方式はスペースを大幅に節約出来るからです。

　本文には，(Williams 1963: 315) のような情報が挿入されます。そして言及先として，論文の最後に文献表 (works cited, references) があります。つまり，今の表記は，

Williams, Raymond 1963 *Culture and Society 1780-1950*. Harmondsworth: Penguin.

の315ページを見よということです。

　この方式だと，同じ年に同一著者で複数の文献が発表されていても，年号とアルファベットを足すだけで，Jameson 1989c とか，Eagleton 1990e と記述出来ます。文献表が最後に掲載されているので，参考文献の全体像がつかみやすいでしょう。これは単行本の bibliography の考えを論文に転用した方式なわけです。

　雑誌論文や単行本を見て，注がどのタイプなのかをすばやく判別し，文献を探すのに利用しましょう。とはいえ，掲載する雑誌などによって，どの方式を採用するのか決まってい

<3-3> 注や索引を積極的に利用する　125

るのが普通です。流れとしては第3の方式に全体が移行していると思ってください。

　もっとも、インターネット上の電子テキスト化された論文では、注と本文とがリンクされ、クリックするとすぐにジャンプ出来る仕掛けを採用している場合もあります。電子テキストが普及した将来は、このかたちが主流を占めるかもしれませんが、紙媒体であるかぎり、ページをめくるのは人力なので、とにかく自力でリンクさせるしかありません。

【情報を広げる注】

　引用や言及の出典を示す文献注だけでなく、ほかの参考文献に言及し情報を広げてくれる注もあります。

For more on the early Stuart Church, see Patrick Collinson, *The Religion of Protestants* (Oxford, 1982); and Nicholas Tyacke, *Anti-Calvinists: The Rise of English Arminianism c. 1590-1640* (Oxford, 1987).

これだと、イギリスのスチュアート朝初期の教会に関して、2冊の参考文献があるとわかります。こういう情報をもとにして、図書館やカタログなどで所在を検索します。そして、読むべき論文を広げていくのです。

　今まで知らなかった新しい領域に関して教えてくれるのも、こうした注のおもしろさです。

For a recent detailed use of psycho-analysis within the field of anthropology, see Gananath Obeyesekere, *The Work of Culture: Symbolic Transformations in Psycho-analysis and Anthropology* (Chicago: University of Chicago Press, 1990).

人類学と精神分析を結びつける議論が、ここで言及された本に載っていることがわかります。論文内の引用や言及の出典ばかりでなく、参照したり使える議論の出所が明らかにされているのです。注は参考文献の情報など手がかりを豊富に与えてくれます。こうして研究や論文の品質を保証するわけです。

　注の質のチェックはとても重要です。参照された文献数は適切か、注が年号や媒体において選択に偏りがないかを気をつけましょう。言及された文献数は、思索型か調査型かによって事情は異なりますが、論文1ページあたり1個くらいが標準でしょう。全体が20ページの論文ならば、参照したり引用された文献が20個くらいは必要という計算です。

　また、扱われた文献の年号が狭い時期に偏っていたら、論文が扱っている問題が議論の歴史が浅くて文献数が少ないか、論者がずぼらでリサーチ不足のせいです。私の経験からすると、10年以上前の文献だけで書かれた論文の大半は、古臭くて読むに耐えない代物です。論文に使用された文献の年号をチェックするのも忘れないでください。

【コメント注を熟読する】

　文献注でもほかの参考文献の紹介でもない、論者の注釈を加える注があります。いわばコメントです。これはかならずしも論文にとって必要ではありません。ですが、意外と読者に益するのは、こうした注釈やコメントなのです。

Privacy, a related concept, also atomizes social existence by saying there is something called the private and something called the public and that they can be separated; there are private liberties and public restrictions on freedom; private property and public property; the "private" family and "public" government or politics.

　[訳] プライバシーは、関連する概念で、これも社会存在をバラバラに砕くんだ。いわゆる「プライベートなもの」と「パブリックなもの」があるじゃないかと主張するし、両者は分割出来る、と主張するわけ。たとえば、個人の蔵書と自由への公共的制限、個人の所有財と公共の所有財、「プライベートな」家族と「公の」政府や政治行動、のようにね。

これは Carla Freccero の *Popular Culture: An Introduction* (New York University Press, 1999) につけられた注です。注をつけた本文は、『殺しのドレス』や『羊たちの沈黙』といった連続殺人を表象する映画をめぐって議論をしている箇所でした。プライバシーに関連し、それが日常で考えられている内容と、どのように違うのかを解説しています。

こういう注が，論文を読む時の背景説明となっているのです。

【索引をうまく利用する】

　雑誌論文にはなくて，単行本がもつ特徴は，後ろに**索引**がついていることです。たいていの本の冒頭に目次があるのに，なぜわざわざ索引が必要なのかという疑問があるかもしれません。目次はあくまでも章立てを示すだけです。注や参考文献一覧であっても，それは一部の手がかりしか見せてくれません。どのページにどんな情報が盛られているのかを知るには，索引が不可欠です。

　索引は全体を俯瞰するのにとても役立ちます。遠く離れたページをリンクさせるのが索引の役目です。索引製作を職業にしている人がいるくらい厄介な仕事です。分類と配置が手際よく行われ，一定のページ数に納まらないと困ります。非常に細かく大量の注は使いにくいですし，逆に1ページしかなくては，あまり役にたちません。5から10ページが標準でしょうか。

　じつは，索引が教えてくれるのは，小説のように1ページ目から順序よく読む以外の読み方なのです。索引は研究書が出来る第2の読み方を提案しているのです。これによって，本文の順序から自由になって，項目や事例を探すことが出来ます。

　本の索引の利用法は，いろいろあります。

（1）お目当ての項目を短時間で探す。

　要するに，本を百科辞典の代りにするのです。探す項目が決まっていて，あとは調査するだけの時に便利です。関係しそうな本を集め，その索引からお目当てのページを見つけだし，次々とコピーする。必要な情報が効率よく集まります。関連する部分だけなので，チェックするページ数も少なくてすみますし，比較対照にも便利です。どの資料からとったのかをきちんと記載さえしておけば，そのまま資料として利用出来ます。

（2）読んでいる途中で気になるリンク先へ飛ぶ。

　読んでいる時に気になる箇所があれば，索引を見て同じ内容や関連する記述を探してつながりを見ることが出来ます。とくに，ある程度読み進んで，前の内容を振り返る時に便利です。目次にも見当たらない項目が，どのページにあったかと探す時に，索引は重宝します。どこにポイントがあったかを効率よくさかのぼるわけです。

（3）それぞれの項目をどんな濃度で扱っているかがわかる。

　索引は基本的にその語が記載されたページ番号を網羅しています。ですから，1ページしかないと，1行触れているだけというそっけないものも含んでいるのです。極端な場合，名前が一個所出てきただけでも1ページの言及となります。それにたいし，23-26などとあれば，これは4ページに渡っているのですから，かなりの内容を含むとわかります。そし

て，本全体に渡って，くり返し言及があれば，これは，対象として中心的な役割をはたしていることがわかります。

(4) 扱っている理論や背景がわかる。

索引に採用される用語は，本論で使用された理論の表出でもあります。索引全体を見て，どのような用語が選ばれているのかで，アプローチや背景となった理論がわかります。慣れてくると，索引から著者の立場や傾向が読めます。ある傾向の用語や人名が多いので，こんな方法を試みているな，とか，このアプローチを信奉するグループに属するとかわかります。

目次を，建前に満ちた表の地図だとすれば，索引は，論者の裏の関心や無意識を垣間見せる第2の地図として重宝すべきです。そして，読者にとってのお宝は，こちらから発見することが多いのです。

【索引の種類別のポイント】

索引の基本は人名です。対象となった人物だけでなく，論文や研究書の執筆者も含まれることもあります。さらに詳細に関連事項が書きこまれることもあります。

Wittgenstein, Ludwig
   Carnap and, 134-37
   going on, 50n. 15, 109-11, 119, 130-37, 140, 186, 190, 192
   metaphors, 172-75, 177-78
   nonsense, 118-24

Russell and, 113-14, 126-36, 149n.12

on theory, 111-12, 174

これは Arabella Lyon の *Intentions: Negotiated, Contested, and Ignored* (The Pennsylvania State University Press, 1998) のなかの Wittgenstein に関する索引の一部です。ここを見ただけでも，2人の人物 Carnap と Russell との関係が見えてきます。索引は，論者がどのような関心で本を書いているかを示すのです。

人名や地名ばかりでなく，**項目**がとりあげられる場合があります。このほうが索引としては便利です。論文の要となるキーワードが採用されるので，どのような用語が登場しているのか注意すべきです。

melancholy, 165, 175, 184, 207; and imperialism, 184; and nationalism, 184; postimperial, 184-89

これは Ian Baucom の *Out of Place: Englishness, Empire, and the Location of Identity* (Princeton University Press, 1999) の索引のひとつです。

melancholy が単独で出てくる箇所が4ページあるということです。しかも，melancholy and imperialism という2つの語（概念）がクロスした部分が184ページにあるとわかります。どうやら184ページに用語が集中しているので，このページを読むだけで，それぞれの項目の区別や内容がわか

るはずです。

　似たパターンですが、次のは、別の索引の関連事項が書かれているものです。Lee Clark Mitchell による *Westerns: Making the Man in Fiction and Film*（The University of Chicago Press, 1996）の索引のひとつです。

Stock characters: 3, 78; drunk, 166; gambler, 81-3, 92, 167; gunslinger, 81-82, 167 *See also* Cowboy; Stereotypes; Stock scenes.

ほかの項目まで記載されたこのような索引はとても便利です。そしてたとえば "Cowboy" といった項目にリンクするわけです。そこでは、さらに "Male Body, Maturation, Silence, Violence" といった項目への参照が待ち構えています。このように、索引はさまざまにリンクした網の目となっているのです。うまく利用することで、一種のサーフィンが出来ます。

　英語論文を読む醍醐味は、こうした注や索引にまで目が届く時です。注や索引で論文がもっている隠れた価値を見つけだすわけです。**本文がどのように織り成されているのかを目次で確認し、さらに注や索引を使って、裏から責めたてるのです。**こうして論文の組み立てを丸裸にし、内容を立体的に把握します。すぐれた議論や研究書は、しばしば建築にたとえられます。論文では情報が絡み合った立体的な組みたてこそが重要なのです。それを読み解いた時に、もっと深く論文の内容に迫り、情報を入手出来るようになるでしょう。

<3-3> 注や索引を積極的に利用する　133

<3-4> 書評などで周辺情報を入手する

【書評はとても大切】

　注や索引は論文のなかにある有用な情報ですが，書評のような周辺情報も大切です。ただし，私たちがふつう目にする書評といえば，新聞の読書欄に出ているものです。それはどちらかといえば，一般読者向けに本の内容紹介をしたり，鋭い感想が「売り」となっています。いい意味でのアマチュアリズムの発露でしょう。ここでの書評はそれとは性格が異なります。

　英米では19世紀から書評文化が発達しました。たとえば，*TLS*（Times Literary Supplement）や *New York Review of Books* といった専門紙があります。日本にも『図書新聞』や『週刊読書人』があるのですが，残念ながら普及度はあまり高くありません。一般に書評を書き，それを読む文化が，きちんと確立していないのです。そこで，新聞の読書欄が代りをつとめています。

　ですから，英語の専門雑誌の書評となると，ふだん私たちが新聞などで見慣れた書評とはかなり勝手が違います。書評自体に専門向けの作法があり，求められる質は高いのです。何よりも長さが異なりますし，時には，書評がそのまま新しい論文と同等の仕事と評価される場合さえあります。それくらい手間暇がかかるのです（もちろん，日本の専門雑誌でも事情は同じですから，そちらを先に読んで，専門の書評の雰

囲気をつかむ必要があります)。

　専門雑誌となると，Articles と呼ばれる論文の欄にたいし，1冊の半分くらいの分量を占める Book Reviews と呼ばれる書評の欄があります。ふつうはひとつが2，3ページですが，小さな論文1本分ほどの長さを占める場合もあります。*Harvard Law Journal* などは，時に1冊の本に関して注が数十個もついた数十ページの長い書評を載せて著者と議論をしたりします。こうなると，書評はお手軽な感想文ではありません。論争をはらんだ学問上の大イベントです。著者からの反論も論文1本の分量となります。きちんとした書評を仕上げるには，さまざまな修練が必要です。ある領域に関する広範囲な知識をもつことが，書評での判断の裏づけとなるからです。ひとつの書評で学問的な判断の是非が問われるわけです。

【書評の2つの利用法】

　アウトプットを考えて英語論文を読む立場からすると，書評の第1の利用法は，**すぐれた本を探す手がかり**のひとつです。詳しい内容紹介までされているのが普通ですから，新刊（といっても過去3年くらいの発行がふつうですが）の本で，どれが自分の関心にふさわしいのかを見つけるツールといえるでしょう。もしも，定評ある学者が太鼓判を押してくれるなら，その本を積極的に読む気もおきます。「ハズレ」でないだろうという期待があるわけです。

　ですが，専門の書評には第2の利用法があります。これが，新聞などの一般向けの書評との大きな違いです。じつは，す

でにその本を読んだ上で，書評を参考に，自分の読みがどの程度のレヴェルかを確認するのです。一種の**自己採点**です。取りあげられた本に対する自分の評価と，書評をした評者による評価を比べるのです。どの箇所に目をつけるべきのか，どんな業績と結びつけて考察するのか，に関してヒントをもらうわけです。たいてい書評をする学者のほうが凄腕ですから，そこから学ぶことがたくさんあります。

　ついでに関連図書や背景知識ももらえます。専門の書評は，学問の動向を踏まえた内容でなくてはならない，という暗黙の了解があるのです。つまり，書評する本を批評史や学説史のなかに位置づけるのです。今後の議論を展開するために，それは必要な整理なのです。

【流れを見渡す書評】

　1冊の本についての評価を定めるのがふつうの書評です。ところが，Survey とか Review Essay と呼ばれるタイプがあります。いくつかの著書を横断したり，最近の学問の動向を探るタイプです。

　たとえば，カルチュラル・スタディーズを意識した先鋭的な雑誌である *Textual Practice* の第 12 巻（1998）で，Goran V. Stanivukovic はひとつの書評を書きました。そこで扱っている著書は，Michael Rocke の *Forbidden Friendships: Homosexuality and Male Culture in Renaissance Florence*（1996）と，Alan Stewart の *Close Readers: Humanism and Sodomy in Early Modern England*（1997）と，Lorna

Hutson の *The Usurer's Daughter: Male Friendship and Fictions of Women in Sixteenth-Century England* (1994) の3冊。まとめて論じています。

　Stanivukovic は以下のように書評を始めています。

What these three books that focus on the private lives of men have in common is that they historicize the ways in which social, cultural and literary factors enabled the emergence of a 'new' humanist masculinity.

［訳］男性の私的生活に焦点をあてたこれら3冊の本が共通してもっているものは，社会的・文化的・文学的要素が「新しい」人文主義的な男らしさを出現させた方法を歴史化していることである。

3冊が対象にしているのは，ルネサンス期とか初期近代と呼ばれる時期の社会史，文化史，文学の言説分析と方向性は異なっても，同じ枠組を共有しているとわかります。4年に渡って発行された別々の本から，セクシュアリティをめぐる共通の議論の枠組を取り出しているのです。

　もしも，雑誌にこうしたSurvey型の書評が出ていたら，必ずチェックしてください。似た傾向の題材やアプローチがまとめてあって重宝します。たとえば，Andrew J. Kunda は "'Adversary Proceedings': Recent Books on War and Modernism" という Review Essay を書きました［*Modern Fiction Studies*, vol.44 (1998)］。2つの世界大戦と作家と

モダニズムを題材にした3冊の本を並べた書評です。ところが，なんと813ページから833ページまで，つまり全部で21ページもあります。参照文献も11冊あがっています。十分に論文に匹敵する労力が払われているのです。

そこから批評の動向や今の研究成果がわかります。採用された数冊の本や論文が構成する文脈が，どんな新しい動きを作っているかを理解出来るのです。はたして，それが「買い」なのか，「見送るべき」なのかは，とても自力では断定出来ません。だからこそ，キーパーソンによる内容紹介と質の高い判断力が示された書評を探して参考すべきなのです。そうやって，多くの学者は「新しい動向」を探っているのです。

【学閥や系譜をきちんと読む】

学問研究で激しい論争が起きるのは，たんに個人の意見の違いだけではなく，「**学派（school）**」があるせいです。どこの国，どこの学問領域でも「派閥」や人的「系譜」を生じます。人の集団である以上，意見の対立や組織力学からまぬがれることは出来ません。

もしも，教育が文化の伝播だとするなら，それぞれの論者が扱う「何」だけでなく，「どのように」という方法の習得や継承が大切です。文系の学問研究では，「どのように」という面に関して，師匠から弟子筋へ「口移し」で伝わる部分が多いので，教えをうけた者の間に共通の文化に基づく「学風」や「学閥」が出来ても仕方ないでしょう（むろん，チーム研究が基本の理系にも濃厚に存在します）。

たとえば，学派の提示として，次のような例があります。政治思想史の研究者 Ellen Meiksins Wood は，"Capitalism or Enlightenment?" という論文を *History of Political Thought* [vol.21 (2000) pp.405-426] に載せました。今の学問の風潮に一定の反省をせまる内容です。その要約部分を引用します。

Western conceptions of modernity—and, by extension, 'postmodernity'—typically conflate various historical processes, such as the development of capitalism and the rise of Enlightenment rationalism. Those conflations are also reflected in the identification of 'bourgious' or 'capitalist'. However, the cultural and intellectual forms of the French Enlightenment are distinct from the ideologies of capitalism. The Enlightenment belongs to a social, political and economic formation quite different from capitalist society. These differences affected conceptions of progress, science and the role of intellectuals.

［訳］モダニティ（拡張すれば，「ポストモダニティ」）という西洋の概念は，資本主義の進展や啓蒙主義的合理主義の勃興のようなさまざまな歴史プロセスが混交した典型的なものである。このような混交は「ブルジョワ」や「資本家」という概念を同定する際にも表れる。しかしながら，フランス啓蒙主義の文化的・知的形態は，資本主義のイデオロギーとは区別される。フランス啓蒙主義は，資本主義社会とはまった

く異なった社会的・政治的・経済的構成体に属している。このような違いが進歩や科学や知識人の役割という概念に影響を与えた。

ここで Wood は,「モダニティ(近代性)」と呼ばれているものが「資本主義」と「啓蒙主義」を混交した物に由来してきたが,フランス啓蒙主義を再考することで別の見方が出来ると考えます。「近代批判」のなかで,「資本主義」と「啓蒙主義」を同一視し,これこそ近代のひずみを作ったと非難してきた議論の流れに,歯止めをかけようとする作業です。

　じつは雑誌のこの号全体が,*Locke and Agrarian Capitalism* を書いた Neal Wood を記念しているのです。その共著者でもある Ellen Meiksins Wood の論文は,当然ながら問題関心を共有しています。その点で彼女の論文は特集号の中核とみなせるでしょう。しかも,Ellen 自身は 1999 年に *The Origin of Capitalism* という本を出したばかりで,その手際よい内容要約でもあります。この号に寄稿しているのは,Neal Wood の友人や弟子筋です。どれも問題関心を共有する研究者たち,ひとつの学派のメンバーなのです。

　よく見ると,学者の追悼特集をする雑誌や,単行本でも師を慕った弟子たちによる記念論集がけっこうあります。広範囲な影響力をもった中心人物の力量のほどがそこで明らかになります。In honor of とか In memory of の献辞がついていたら,多くの学者が寄稿した特別な論集です。アプローチをよく考えて,自分の傾向や関心や方法論となじむなら,興

味がもてる論者を一度に知ることが出来ます。それぞれの学者が書いた他の論文へと進めば，参考文献をたくさん入手出来ます。

【周辺情報を入手せよ】

このように，ある研究や論文が，書評などでどのように見られているのか，また，どのような立場の人や雑誌から評価されているかは，重要な基準となります。それぞれの論文がどのように扱われているのかをていねいに読みましょう。激しい対立や厳しい序列や新旧交代劇もあるでしょう。複数の陣営が存在するというのは，時には無用の対立や議論を招きます。覇権争いに終始している場合もあります。ですが，総じて言えば，ひとつの考え方や勢力に結集せず，相互に活発な議論が起きるプラスの役割をはたします。おもしろいことにライヴァルがいる時にこそ，お互いの才能は開花するのです。独占状態が衰退をまねくことも多いのです。

出来れば，対立するアプローチや考え方にもある程度門戸を開きながら，自分の議論を組みたてるべきでしょう。「敵」の手口を知ることは，けっして敗北ではありません。利用するかどうかは選択出来るのです。他に目をやらない自閉的な学問は滅びるだけです。孫子の言葉を借りれば「敵を知り，自分を知れば，どんな戦いも心配ない」わけですから。そのためにも，いろいろなタイプの英語論文を読む練習をしておきましょう。自分の物の見方をあまり狭く規定しないことです。

第4章

「自分の意見を＜発明＞するには」

<4-1> 別の論とつなげてみる

【論文初心者のこころえ】

　第4章では，自分の意見を「発明」する方法について考えます。「発明」とは不思議な表現に思えるかもしれません。でも，自分のレポートや論文の作成が目的である以上，能動的に読み，自分の意見を「発見」ではなく「発明」すべきなのです。「発見」だと「見つけた」とばかりに他人の見解をコピーしかねませんが，「発明」は個人が新たに生み出したものです（とはいえ，むろんゼロから発明は出来ませんが）。

　まだ自分の読み方が身についていなくて，苦手意識をもっている「論文初心者」なら，論文や研究書をむやみに集めるのは避けるべきです。どれが自分にとって大切な論文か最初はわかりませんし，効率の観点からも，コピーや書籍代がむだとなる可能性が大です。それにとても全部は読めません。

　もしも，指導教授や先輩から授業などで読むべき「文献リスト」を渡されたなら，その消化を優先すべきです。どういう文献を読むかの選択は，学問の基礎とも言えるくらい大切なことです。そこには，先人の知恵が詰まっています。「これから読め」とか「あれはやめたほうがいい」といった優先順位や難易度を教えてもらえるかもしれません。

　ただし，親切なヒントや文献リストがない場合があります。自分にとって，未知の領域や歴史が浅い新しい学問に向かう場合はとくにそうです。周囲に水先案内人がいないのなら，

しかたありません,自力で論文を探す必要がでてきます。そのために,アンソロジーや雑誌のバックナンバーを積極的に活用すべきです。

【アンソロジーを実際に利用する】

　教科書的なアンソロジーの利用方法を考えてみます。すでに発表された論文や研究書を抜粋したものです。代表的な著書を買い揃えるのは金銭的にも労力的にも大変ですし,自分の関心と合致するのかもすぐにはわかりません。商品を買う前のサンプル調査として,こうしたアンソロジーを読むわけです。題名に「読本(Reader)」とつくので識別しやすいでしょう。もっとも,教科書版には「……」といった省略記号がついて,ポイントだけを抜粋した場合が多いので,論文を書く際に,原典や初出雑誌にもどる習慣を身につけましょう。

　ここでは「フェミニズム(feminism)」のアンソロジーをとりあげてみました。フェミニズムは,さまざまな領域で影響力を持っています。文学や社会学はいうまでもなく,哲学や心理学や歴史学,法学や経済学,さらには自然科学まで,多くの領域で議論が進み成果を生んでいます。そうした見方に賛成だろうが,反対だろうが,無視してよいはずはありません。しかも,現在フェミニズムにはさまざまな潮流があり,とても「フェミニスト」とか「フェミニズム」と一言ではくくれません。流派ごとに互いの主張が大きく異なります。

　なかでも,「身体」に関して議論を深めている一派の成果を眺めることにしましょう。図書館で検索したら,「身体」

と「フェミニズム」がクロスするとして，次の本が見つかりました。

Katie Conboy, Nadia Medina and Sarah Stanbury eds.
Writing on the Body: Female Embodiment and Feminist Theory
(Columbia University Press, 1997).

これは，コロンビア大学出版局から出ている「ジェンダーと文化の読本」というシリーズの1冊です。7ページに渡る「推薦文献表（suggestion for further reading）」がついていて，明らかに教科書の体裁となっています。

構成を見ると，24本の論文が次の4パートに分かれています。

  Part 1 Reading the Body
  Part 2 Bodies in Production
  Part 3 The Body Speaks
  Part 4 Body on Stage

詳細を見ると，第1部は生理現象からレイプや女らしさといった具体的に女性の身体に関わる議論を扱った論文が5本。第2部は，イメージとしての女らしさや人種がどう作り出されてきたかをめぐり，映画研究の学者などの成果も含めて6本。第3部は，歴史や，精神分析や，科学の言説がどのように女

性を語ってきたかを明らかにする論文が7本。第4部は，女性を演じるをテーマに，演劇やポルノグラフィーの問題をとりあげた論文が6本。教科書としては標準的なアンソロジーです。

【議論の流れを知る】

　私が興味をもったのは第2部でした。bell hooks という黒人フェミニストの論文ではじまるセクションですが，後半に3人の代表的なフェミニスト映画研究者による論文が載っています。

Mary Ann Doane
"Film and the Masquerade: Theorizing the Female Spectator"

Annette Kuhn
"The Body and Cinema: Some Problems for Feminism"

Tania Modleski
"Cinema and the Dark Continent: Race and Gender in Popular Film"

順に初出が，1982，1988，1991年となっています。そして，関心事が，「女性観客」から，ボディービルをする「女性の身体」そして，人種とジェンダーの両者のカテゴリーをつく

りだす「視線」の問題へと議論が移っています。どうやら，映画研究の了解では，観客の意識レヴェルだけでなく，もっと複雑な力の絡み合いによって，身体をめぐるイメージが形成されているわけです。それにつれて「映画」の見方も大きく変化してきています。しかも，Modleski の論文は，第2部の冒頭にある bell hooks の「黒人女性のセクシュアリティ」を扱った論文と響き合う内容になっていて，もういちどもどって比較検討出来そうです。

　アンソロジーは，このように論文の配列を順序よく読むと，問題点の移行や議論の展開に気づく構成になっているのが普通です。雑誌論文を自力で集めたのではわかりにくい議論の文脈が整理されています。アンソロジーは，何の論文を選んで，どのように配列するかで読者を説得しようとするわけです。すぐれたアンソロジストは，論文の配列でメッセージを伝えています。

【他へリンクする】

　さて，この本の第3部に Donna Haraway の "The Persistence of Vision" という科学とフェミニズムの関係についての論文が採用されています。なかなか興味深い論文でした。読む気になったのは，彼女の代表論文の「サイボーグ宣言」は翻訳されていて（『サイボーグ・フェミニズム』トレヴィル，1991年）名前を覚えていたからです。

　そこで，今度は「サイボーグ」をキーワードにして探すと，次の本が見つかりました。

Gill Kirkup, Linda Janes, Kath Woodward, Fiona Hovenden eds.
The Gendered Cyborg
(Routledge, 2000).

「ジェンダー化されたサイボーグ」とは,まさに Haraway の関心を延長した論集のようです。同じ関心でまとまっているので,これなら読みやすそうです。

あたりまえですが,主題や手法が共通する論文を続けて読むと,前の知識が応用されて,ずっと読みやくなるものです。系統的に読むのがお勧めです。とくに,自分が関心をもって共感した著者の別の論文やその周辺の著書を続けて読むのです。そうすると発想や言葉づかいが共通して読みやすいはずです。自分の意見やアイディアも研ぎ澄まされます。

さて,このアンソロジーは,もののみごとに,技術や科学あるいは映画といった領域でのサイボーグ論が目白押しで,文化全般に渡って議論が展開しています。どうやら,これを応用すれば,日本のアニメ内の表象や,ロボット開発のようす,東南アジアの工場労働の現場など,私たちの周囲の領域に議論を進めることも出来ます。1つのアンソロジーを起点に四方八方に関心を広げることが可能です。

【論文をつないで場を作る】

考えてみれば,アンソロジーとは,もともと編者が,自分の興味関心に基づいて,英語論文の海から論文を選んでまと

めた本だとも言えます。もちろん、共通する感覚や問題関心がありますが、編者の直観的な「好み」で選ばれている面もあります。

自分の意見を「発明」するために、こうした編者になったつもりで、自分が関心をもった論文を集めたひとつの「場」を設定したらどうでしょう。複数集まるなら、その観点は重要なのです。それに、論文どうしをつなげて読むと、理解が深まり、自分の意見の発明へとつながるでしょう。この本ですでに引用したいくつかの論文を結びつけながら、どのような共通の場が想定出来るのか、やってみましょう。

とりあえず、Margot Gayle Backus の *The Gothic Family Romance: Heterosexuality, Child Sacrifice, and the Anglo-Irish Colonial Order* と James Chapman の *Licence to Thrill: A Cultural History of the James Bond Films* それに、Stephanie Marriott の "Dialect and Dialectic in a British War Film" を選びました。なんとなく互いに関係ありそうな3つの論文です。Backus のは、イングランドとアイルランドの関係でした。そこには、内側の植民地主義の関係があります。Chapman の論文は、スパイを主人公にした Bond 映画という対外関係を描く作品を扱っています。さらに、Marriott の論文は、戦争映画による国内の意識の統一が主題です。

3つの論文に共通するのは、戦争や植民地やスパイ活動といった対外的な活動と国内の統一が文化表象によってどのようにつながっているのかを論じている点です。全体に関連す

<4-1> 別の論とつなげてみる　151

る national unity とか national identity という言葉は，Marriott の論文にでてきました。Chapman が本の序章であげていた Englishness という言葉をキーワードに据えると，全体の雰囲気が理解出来そうです。これが最近の「トレンド」かもしれません。そういえば，やはりすでに言及した Ian Baucom の *Out of Place: Englishness, Empire, and the Location of Identity* には，もろに，Englishness という言葉が入っていました。

　さまざまな作品やメディアの表象をめぐりこの観点の議論が進んでいると自分なりに見当をつけてみます。サンプルから仮説を作って実証するわけです。図書館で調べると，次の本がひっかかってきました。

Anthony Easthope
Englishness and National Culture
(Routledge, 1999).

Easthope は，17 世紀から現在までの文学作品やジャーナリズムを調べて Englishness という見方の流れをたどっています。つまり，語が利用されてきた歴史がわかるのです。こうしてみると，Englishness は，かなり生産的なキーワードのようです。

　このように，とりあえず題名や傾向から気になる論文を集めて，自分なりに「場」を作ってみます。そして，相互につながりがないかどうか，あるいは，共通するキーワードはど

れかと探してみるのです。論文のネタに直結するのかはわかりませんが，うまいキーワードが見つかれば，自分の意見を「発明」出来る可能性もあります。アンソロジーの選者にでもなった気分でいろいろと集めてみましょう。

<4-2> 説明モデルや理論を探す

【説明モデルとは】

　論文のアウトプットにおいて重要なのが、**説明モデル**（単にモデルとも言います）の上手な選択です。自分なりの論文の結論を導くのに必要な仮説をつくる基となります。これが、データを整理して議論を展開しやすくするのです。

　たとえば、前のセクションで、Englishness というキーワードをめぐる議論を紹介しました。この場合の Englishness は説明モデルの構成要素となる「説明概念」です。Englishness という説明概念の背後には、national identity や national unity に関する新しい「説明モデル」があります。Englishness は、よその国や別の文化との関係の中で作られるとする見方をとるわけです。これは自国中心とは別の考え方です。この語を導入することで、今まで関連しなかった要素がつながり、歴史資料や文学作品や映画が結びつくわけです。生産的な説明モデルを選ぶとそれだけ論文を書きやすくなります。

　ふつう、学問は「対象」や「題材」によって、各領域が決まると思われています。でも、そうではなく、どのような説明モデルを選択するかで学派にわかれます。たとえ同一の対象をもっていても、説明モデルが変わることで、説明が大きく変貌します。また、学問領域の名前が前と同じでも、別物に姿を変えたりします。Freud と Jung と Lacan を精神分

析学とひとくくりするにはかなり無理があります。各自が別の説明モデルをもち，学問の内実を大きく変貌させたからです。当然ながら，説明モデルが違えば，利用する説明概念，つまり用語が違うのです。あるいは同じ用語であっても，意味している内実が異なります。

じつは学問研究の流れは，説明モデルに関するさまざまな流派の交替でもあります。たとえば経済現象を，労働や生産や消費や市場や証券や経営，いったいどの角度やどのレヴェルで説明するかで違ってきます。それぞれの分野が依拠する説明モデルがまるで異なるのです。

【仮説と説明モデル】

論文はそれぞれの「仮説」を作る時に，説明モデルをそのまま利用したり，自己流に変更しているはずです。論文を書く時には，作業をするのに必要な見通しとして仮説が不可欠です。そちらはとりあえずの「作業仮説」と考えてもいいでしょう。その際に，説明モデルをきちんと把握することは，論文を読みぬいて，同時に自分で書こうとする時には大切です。ある現象をどのように分析するかの違いを引き起こします。

ですから，読む時は，論文を読んで，そこから仮説をよみとり，さらにそれを成立させている説明概念を理解し，その背後の説明モデルを推察するのです。

　　　論文の仮説　→　説明概念　→　説明モデル

ところが，書く時に作業は逆になります。

   論文の仮説　←　説明概念　←　説明モデル

つまり，各学問や流派が使用する説明モデルに基づいて，説明概念（つまり用語やキーワード）をちゃんと使って，論文の仮説を仕上げるのです。ですから，説明モデルの選択で，論文はまるで方向の違うものになります。

 たとえば，夏目漱石の『坊っちゃん』を題材に選ぶなら，作品研究や作家研究をするのが正統でしょう。でも，描写された風俗習慣は，歴史学や社会学の考察対象ともなりえます。そして，時代思潮や江戸から東京へ変じた時代の政治意識（や無意識）をほりさげたり，近代小説の台頭という明治文化論に組みこめます。国民文学としてロングセラーになっているので，出版流通の経営学的な分析や，「国民国家」の統合原理が展開されたサンプルにも最適です。「個人主義」に関する政治思想の研究や，地方の学校教育の標本とか，方言研究にも役立ちそうです。いずれにせよ，どれも，対象ではなく，どのような説明モデルを採用するかで，そこから取り出す内容が変わってくるのです。もちろん説明概念はまるで違ってきます。

【説明モデルの説明】

 文系学問における説明モデルがどのようなものかを解説してくれたのが，荒川幾男の『管理社会』（講談社現代新書，

1970年)が採用した例です。哲学者の荒川は,日本の管理社会の現状を探るために「佐良理満(サラリーマン!)」という主人公の一家の生活を説明モデルに設定します。妻と社会人の長男と大学生の息子がいることになっています。もちろん,日本のすべての家族がもつ特徴をその一家が網羅していないのは,アニメのサザエさん一家の場合と同じです。

　荒川は,現実の現象をこうした説明モデルと比較し距離を測ることが,自分たちの現実を理解する助けとなるといいます。ですから,説明モデルがすべての現象を説明しきることはありえません。実際の現象とずれた面をもっていても問題ないのです。説明モデルはかならずしも機械的な平均ではないからです。たとえば,家庭がもつ子供の平均が1.2人だとしても,現実にそんな小数点のついた人間は存在しません(もちろん,統計上の平均値と中間値の違いがわかれば,あまり悩みませんが)。

　説明モデルを設定するのは現実の近似値をえるためです。荒川は,サザエさん一家よりも,佐良理満氏の一家のほうが70年当時の日本社会を説明するには適切だと思ったはずです。今なら子供が一人で,妻もパート等で働いている説明モデルがいいでしょう(現実の家族の多様性に目をつぶっているのではなく,そうした家族像を理解し,どれが支配的かの序列を解体するためにも利用されます)。文系学問の場合,時代や状況で説明モデルは変更されます。

【説明モデルの改良】

金融工学で、金利変動の説明モデルを作る時、過去の統計から、かなり荒っぽい大胆な数理モデルを設定します。それを実際にあてはめて、予測に不備が出ると修正意見がなされます。金利変動という現象を、数理モデルで把握するわけです。理財工学専門の今野浩は『金融工学の挑戦』(中公新書、2000年)で、数理モデルの2つの条件を示します。

(1) 実際の現象を十分に良く表現していること。
(2) そこから十分多くの意味がある結論を引き出せること。

そして「余りに精密なモデルは、その後の式の展開が容易ではないために意味のある結果を導くことは難しいし、また単純すぎれば現実に合わなくなる」とバランスをとる重要性を述べています。説明モデルは、すべてを説明しつくすものを目指さないのです。ある瞬間の状況を完璧に説明出来ても、次の瞬間に破綻するのでは、説明モデルとしては役不足なのです。ですから、ひとつの現象を精緻に説明するモデルが、他よりも優秀だとは言えません。

【説明モデルに必要なもの】

説明モデルには、最低限、時間や空間で可変する部分、つまり「変数」がひとつは必要です。心理学者の高田明典は『知った気でいるあなたのための構造主義方法論入門』(夏目書房、1997年)で、変数が存在してはじめて、さまざまな

ヴァリアント（変異体）が生じると主張します。多くの場合，私たちはデータとしてこの世に痕跡を残したヴァリアント群から，説明モデルを類推して組み立てるわけです。当然ながら，説明モデル（＝構造）そのものを直接見ることは出来ません。あくまでもデータから想定するのです。

　さらに，高田は「説明概念」や「構成概念」といった説明モデルの構成要素は実在しないと述べます。「心はどこにあるの」とか「無意識は実在するのか」といった問いは意味をもたないわけです。なぜなら，「心」や「無意識」は実体ではなく，「説明概念」つまり道具なわけです。それを組み合わせた説明モデルも同じく道具です。こうした言葉による説明モデルと現実とを取り違える失敗はよく起きがちです。「資本主義」や「社会」や「家族」だって，説明概念なのです。先程のEnglishnessだってそうです。Englishnessという実体が存在しているわけではないのです。人や物や行動によって表れてくるパターンをそう呼んだだけです。

　これは，論文を読む際にも，もちろん書く時も気をつけるべきです。ある現象や行動をよりよく理解するために導入された説明モデルなのに，くり返し言及しているうちに，本当に存在するかのように錯覚してしまうわけです。つまり言葉が力をもって，一人歩きをして，実在のようにふるまうのです（これ自体が「言語行為論」という学問の対象となります）。もちろん，不要になれば，以前の説明モデルは捨てられます。それこそが，学問研究の進展であり，枠組（paradigm）の変化なのです。

【理論の大いなる働き】

　説明モデルをつくる強力な背景が理論です。使用する理論によって論文の説明モデルの特徴が大きく変化します。学問研究が背景となる理論別に学派を作る理由もここにあります。もちろん，理論を不変の真理と盲信するなら，それは強力なイデオロギーとなって害をなすでしょう。

　どのような理論を選択するかによって，説明モデルの作り方も変更し，当然ながら，データの処理や論文のアイディアも異なってきます。論文がデータから見出すポイントも変わるのです。そして，理論や説明モデルには流行があります。枠組の大きな変化も生じます。かつての常識が今は非常識となったり，立場や見方が変われば，物の価値もそれにつれて変わります。

　Eisenstein つまりエイゼンシュティンといえば，『戦艦ポチョムキン』などで知られる旧ソ連を代表する映画監督です。彼の『イワン雷帝』と Disney の『白雪姫』を比較する論文があります。これは冷戦の終結後に生じた新しい見方で，アメリカ合衆国とソビエト連邦を代表する映画作家の影響関係を比較しています。

Anne Nesbet
"Inanimations: *Snow White* and *Ivan the Terrible*"
[*Film Quarterly*, vol.50 (1997) pp.20-31].

Eisenstein は『白雪姫』の技法を換骨奪胎して『イワン雷帝』

を作る際に、アニメーションという技法を俳優たちに結びつけることで新しい映像を成立させたわけです。そのことをNesbet は、"inanimation" と呼び、これがこの論文の説明モデルとなっているのです。

　ここにある『白雪姫』も『イワン雷帝』も、昔から存在したデータです。日本でもビデオで観ることが出来ます。ですから、データとしての新味はないのです。あるとすれば、2つの映画をつなげて論じた点でしょうか。でも大切なのは、どの点を比較したのかです。Nesbet には、映画から道徳的なメッセージやプロパガンダを抜きとる姿勢はありません。視覚記号として映画を分析しています。これはなかなか興味深い態度です。

　私なりに Nesbet の仮説につけ加えてみます。これを読んで自分なりに意見を「発明」したわけです。Disney のアニメ作品は、動きの滑らかを追求するために「ライブアクション」と呼ばれる方式で、現実の人間による滑らかな動きを撮影し、それをアニメ上で表現したはずです。となるとアニメの動きを人間が模倣する "inanimation" は、もっと複雑な関係をもちそうです。フィルムのなかで、「人間」→「アニメ」→「人間」という模倣関係が成立するかもしれません。

　さらに、この説明モデルの適応範囲をもう少し広げ、フィルムという物質に頼った映画のコマの動きに目をむけます。かつて写真撮影で人間の動きを分解し、労働の無駄をなくそうとした試みがありました。アメリカの経営学者 Taylor の名をとったテイラー・システムは、20世紀の社会組織のい

わば代名詞となっています。アメリカ合衆国とソ連という超大国の間で，映画を媒体にこうした関心が流通していたことは，モダニズムを考える上で重要な論点ともなりえます。

　Nesbet の論文では，学問研究の場において人間に対する見方の大きな変化があります。19 世紀までの「人間」中心の見方は，20 世紀の体験 ── アウシュビッツや原爆の体験，冷戦対立とその崩壊，グローバル資本主義と労働や資本の流動化，男性優位社会の変貌 ── を前にして，説明モデルの役割をはたせなくなったのです。20 世紀の産物である映画を研究することが，映画の感想ではすまない巾の広さを獲得している理由は，まさにこの点にあるのです。

【批評理論の嵐のあとで】

　新しい傾向の論文が出てきた背景は，70 年代以降，さまざまな領域で吹き荒れた批評理論の嵐のせいです。論文で使用される**用語**（technical terms）がすっかり変貌したわけです。用語つまり説明概念が変わるとは，そのまま説明モデルや背景となる理論の変化とつながります。むろん，用語を変えただけで，前と同じ内容を語る羊頭狗肉の論文もたくさんあります。ですが，新しい考え方は，やはり新しい用語（説明概念）を通じて示されます。

　次の引用は，そうした変化をうけた状況を示す好例でしょう。

This chapter has considered various aspects of the

transformation of identity in the late modern world, though not by any means exhaustively. Identity is a multi-accentual concept, mediating self and history in many complex ways. Poststructuralists and postmodernists have challenged essentialist notions of identity regarding gender and sexuality, for instance, but also 'race' and ethnicity. For them, the human subject is decentred, constantly in process of becoming and increasingly hybrid.

これは，Jim McGuigan の *Modernity and Postmodern Culture* (Open University Press, 1999) の第4章の結論部分です。文化研究とメディア研究にまたがる入門書のシリーズの1冊なのです。この箇所だけでも現代の文系のさまざまな研究領域で使用される概念が目白押しです。下線部を引いた言葉は，まさに今多くの領域で使用されている説明概念にほかなりません。

現在の批評理論は，transformation や becoming のように物事を動的に捉えプロセスとして理解します。さまざまな局面に時間軸を導入するのです。つまり，「男らしさ」や「日本人」といった概念を，時代を超えた永遠不変の「型」つまり「本質」だとみなすのは，essentialist な発想だとして否定されます。私たちを束縛したり影響する概念は，歴史の中で形成され変容し，時には消えていくわけです。

そこで，「神」や「法」や「原理」や「思想」といった単一

<4-2> 説明モデルや理論を探す

のものが全面的に支配する状況を逃れるために decentered（英 decentred）という「脱中心化」の考えが支持されます。ひとつの原理がすべてを支配するのではない multi-, complex, hybrid という複合的な状況が肯定されます。そして異なる物をつなげる mediating を意識することになります。その結果, gender や sexuality それに ethnicity といった従来「人間」には付随的に見られてきた要素が重要になってきます。「人間」を普遍化して古今東西に通用すると考えればいいのかとする根源的な問いが 20 世紀になって鋭く突きつけられたわけです（むろん 21 世紀においてもです）。

このように流動的に考える以上, 理論とは用語そのものではなく発想法が大切なのです。すぐれた発想をもった論文は, 物事の把握が, 単なるキーワードを超えて, 文章のすみずみに影響を与えています。そこで, 論文にどのような発想法が採用されているかを見抜く必要があります。全体の議論の流れだけでなく, どのような用語を通じて, 発想法が提示されているかにも気をつけるべきでしょう。

【学際的研究とミックス】

こうした理論の動きが出てきたのは, 第 2 次世界大戦後, 学問が急速に専門化したせいです。専門化が英語論文の大量生産ともつながったわけです。同時に横の関係が希薄となったことが指摘されましたが, これは隣人たちを知らない都会の孤独な生活と類比出来るでしょう。そして, 世代の価値観の深刻な断絶があるようにみえた 70 年代以降, 縦横に結び

つけようとする「学際的研究（interdisciplinary studies）」が推進されてきました。異なるアプローチの者が，同じテーブルにつこうとする流れです。

　もともと西洋の学問は，哲学が中心にあり，その周辺や配下に他の学芸が存在している状況だったのです。すべての学問をつなぐ扇の要として，認識論や存在論といった哲学（あるいは中世には神学）が存在していたのです。ギリシアのAristotleは，国家論や政治論から生物学や詩学や演劇論まで書いています。結果として，19世紀までの主流哲学は，諸学の王という自負があり，「百科辞典」のように万物について議論する傾向をもっていました。

　20世紀には，個々の学問が，個別科学として，独自の方法論をもち，自立して分析を進めるようになったのです。経済学は，経済学の対象をもち，方法論や原論をもち，応用するようになりました。さらに，「＊＊＊基礎論」とか「応用＊＊＊」という名前によって細分化が進んだのです。けれども，こうした個別の学問の推進だけでは，さまざまな要素が絡み合った社会の現象を読みとることは出来ません。そこで一種の反動が起きます。

　ひとつは，「**方法論**（methodology）」による横断です。かつての哲学ではなく，経済学，精神分析学，言語学，記号学といった別の領域がその役割を担うわけです。言語学や構造主義や記号論のように，みずからを方法論と規定して，さまざまな領域に入りこもうとする動きが出てきました。それが新しい理論の誕生を引き起こしました。

もうひとつの動きは，対象となる新しいフィールドの設定です。フェミニズムやポストコロニアル批評がそうです。いまや拡散し巨大化しつつあるカルチュラル・スタディーズのように，今まで顧られなかった問題を含む領域を対象とする学問の登場です。従来の図書館の分類ではおさまりがつかない内容が対象となっています。このフィールドが，どれも「差異」や「対話」や「交渉」を重視しているのは偶然ではありません。

【新しいフィールドのなかで】

　さまざまな問題を発見する「場 (topos)」として，新しいフィールドに目がむけられています。自分の意見を「発明」するには，新しいフィールドに飛びこむことで，新鮮な発想をもらうことです。たとえ，自分の専門領域が，学際的な雰囲気をもたない従来型の伝統ある分野でも，他から発想法をもらってくる必要はあります。時代の空気と無縁に論文は書けません。たとえば，聖書研究の専門雑誌を見ると，最新のナラトロジーやフェミニズムが大胆に利用されていて驚くでしょう。保守的にみえる領域こそ，現代の課題に応じるために，思い切りよく新しい理論や説明モデルを導入する傾向があるのです。逆に，新しい領域であっても，学問生産のシステムのなかで，すぐに陳腐化し保守化します。

　そうした流れを考えるなら，次にあげる入門的な研究書が，ポストコロニアル批評が他の領域と交渉している様子を分析しながら，自ら実践的であろうと努力しているのもうなずけ

ます。

Ato Quayson
Postcolonialism: Theory, Practice or Process?
(Polity Press, 2000).

Quaysonは，学際的な動き，歴史学，文学研究，フェミニズム，ポストモダニズムといったものとポストコロニアル批評がどのように関わってきたかをまとめながら，的確に論点を整理していきます。題名にある疑問符が，懐疑的なQuaysonの立場を示しています。こうした議論のまとめが，専門課程の学生や大学院生に役立つだろうと言い，さらに次のように加えます。

It is my hope that specialists and teachers may also find something useful in these pages for teaching the subject. Ultimately, it is my wish that activists and workers 'in the field' (NGOs, women's agencies etc.) will find some illumination in these pages for thinking about their own work.
　［訳］研究者や教師にも，この科目を教えるのに有益なものを私の本から発見してもらいたいと望んでいる。究極的には，(NGOや女性のさまざまな活動機関などの)「現場にいる」アクティヴィストや労働者が，自分たち自身の労働に関して考えるヒントを，私の本から見つけてもらうのが私の願いである。

<4-2> 説明モデルや理論を探す　167

ここには，ケンブリッジ大学の教師である Quayson が，学問の殻を破って他の領域との対話を試みている動きがあります。そこで，目指しているのは，一方的な教育ではないのです。この批評が扱っている事柄を実践の場へと伝えることです。新しく成立した「場」さえも，学問研究の制度として妙に安定しないように，Quayson は，意見を外へ開きながら「交渉」しようとしています。たえず自己解体を試みる発想自体が，現代の学問研究のあり方なのです。

● コラム ●

「なぜ，にはいつでも答えがあるのか？」

心理学者の高田明典によれば，人文・社会科学は，次のような「なぜ」という問いに答えられません。

「なぜ人は食事をするのか？」── 答えられない。

しかしながら，

「ある個人に食事をさせるためにはどうすればよいのか」── 答えられる。

こうした「なぜ」に答えることが出来ないのは，（時間や空間で変わっていく）変数が含まれていないからです。「人」も「食事」も固定されていて，ヴァリアントが存在しないわけです。こうした時空を超えた究極の問いは「真理の探究」であって，「宗教」だけが問うと高田はみなします。

ですから，昨今にぎわった「なぜ人を殺してはいけないか」は「なぜ人は生きているのか」と同型の問いなので，科学としては答えられませんが，「ある少年に殺人をさせないためにはどうすればよいか」なら，科学的な手段や対策を探れるわけです。医学では「なぜ生命は存在しているのか」を問う論文は受理されません。病気の治療には直接関係ないからです。治療をするには「なぜ癌が存在しているのか？」と疑問をもっても意味がありません。現実的で有効な問いかけが，どちらのパターンかははっきりしています。

　と同時に，根源的な「なぜ」を問う分野もあります。文系の学問には，哲学や宗教学のように，こうした問いかけを中心課題と据える分野があります。「不条理」ともいえる現象への思索を重ねます。ただし，その場合も，直接答えを出すのではなく，答えに必要な条件を絞りこむかたちで，問いを包囲しようと試みます。まどろっこしいようですが，これもひとつの解答法なのです。

　ちなみに，小説や詩など文学作品や映画やドラマそのものは，こうした問いかけを行えますが，文学研究や文化研究でこのような「なぜ」と問いかけても無駄です。「研究」であるかぎり，ヴァリアントを収集して，説明モデルを構築することしか出来ないのです。

<4-2> 説明モデルや理論を探す

<4-3> 難解な論文にも慣れる

【難解な論文に出会ったら】

　新しい論文を読んだ時に，思わず絶句しそうになる瞬間があります。といっても，結論がつまらないとか，内容が平凡だからではありません。そうした論文なら，自分とは縁がなかったと忘れてしまえばいいのです。あるいは「こんな程度なら自分にも書ける」と文句をつけ，乗り越える論文がすぐに書けたら，優秀な研究者となる素質があるはずです。

　けれども厄介なのは，「何を主張しているんだか，さっぱりわからない」とか，「どうして，みんなが誉めるのかが理解出来ない」と悩む論文です。パラグラフをチェックしても，頭にイメージがうまく結ばないのです。自力ではチャート化が出来ないわけです。なかには，安易な翻訳すら拒む難物の英語論文さえあります。

　個人的な体験からすると，2つの場合が考えられます。

（1）「自分の知識や経験が不足していて歯が立たない」

　まだまだ論文読解の修行がたりず，説明概念や説明モデルの知識が不足していた時です。これは相手が難解なのではなく，自分の力量不足ですから，ていねいに辞書をひいて構文解析をしたり，参考書を読むとわかってきます。頭を悩ます大半はこのレヴェルで，経験を積んで語彙を増やすと読めるようになってきます。先生や先輩がこともなげに話している

内容の論文だったら、それは自分の理解不足でしょう。

(2)「誰もが、難しいけどすごい論文だと言う。あちこちの論文で言及されているのも見かける。でも、さっぱり歯がたたない。すごい内容の気もするけど、英文が全然わからない…」

困るのはこの手のタイプです。避けて通ったほうがいいのでしょうが、論文のなかにすごいお宝が眠っていたりするのです。(1)とかなり近い現象に見えますが、周囲の人も同じように頭を抱えているかもしれません。でも、これこそが本当の難解な論文です。ひとりで読めなければ、みんなで輪読したり勉強会を開く価値のある論文です。

【これが難解な論文】

それでは、論より証拠です。いわゆる難解な論文(といっても簡単そうな箇所を選んだのですが)の一節を引用してみましょう。

In the widespread paralysis of the collective or social imaginary, to which 'nothing occurs' (Karl Kraus) when confronted with the ambitious program of fantasizing an economic system on the scale of the globe itself, the older motif of conspiracy knows a fresh lease on life, as a narrative structure capable of reuniting the minimal basic components: a potentially infinite network, along with a plausible explanation of its invisibility; or in other words: the collective and the epistemological.

Frederic Jameson
The Geopolitical Imagination: Cinema and Space in the World System
(Indiana University Press, 1992).

一読，たいていの人の感想は目を白黒して「なんだこれ？」でしょうか。引用は，上記の本の9ページからで，"Totality as Conspiracy"と題された章の第1パラグラフです。著者のFrederic Jamesonは，『政治的無意識』や『言語の牢獄』などの翻訳もあるアメリカのポストモダン文化研究の学者で，この本はさまざまな映画論を集めた論集です。

　私のワープロソフトでは，英文を短く書き換えろというチェックが入ります。内容以前に構文上も英語の標準からずれているわけです。よく見ると，ピリオドがひとつ。この長さでひとつの文で，しかもひとつのパラグラフを形成しています。とんでもない文と言えるでしょう。では，どうしますか。降参して読むのを中止するのもひとつの手です。あるいは，どこかに翻訳がないかと急いで探しますか。それでも，手助けとなるもの全くなければ，自力で読むしかありません。それでも，この文はゆっくりとたどると読める方だと思います。

【なぜ難解になるのか】

こうした論文が難解になる理由はいくつかあります。

(1) 使っている議論が難解だから

あたりまえですが,中心におかれている議論が難解だったら,論文は難解です。論者が思考を哲学的,あるいは形而上学的な理論に依拠していれば,複雑な説明モデルや概念を使用しているはずです。たとえ表面にあからさまに出ていなくても,議論は難しくなります。その点で,Jameson の今の論文は見かけの上からも難解ですから,読者に危険信号を発しているので,逆に親切だとも言えます。

(2) 自己言及的な側面をもつから

じつは,現代の批評や論文を難解にしている原因の多くはこれです。論者が書くという行為への「自意識」をもって,書いた内容がもつ効果を計算しているわけです。つまり,自分のやっている作業が,自分の主張や見解を裏切らないかを気づかうのです。政治的な自意識も働くでしょうし,尻尾をつかまれないように振る舞ってもいます。

たとえば,言葉がもつ支配関係を解明し,それを告発する内容の論文を書く時に,自分の語りが一方的になるなら,新しい支配関係を樹立してしまう可能性をもちます。そのパラドックスを避けようと試みるなら,どうしても規範的な文章からはずれていき,いきおい難解となります。蛇がくねったように見えるでしょう。こうした迂回路をとる語りは,ジェンダーやエスニシティについて語る論文に多い戦略です。こ

れはなるべくして難解なのです。もしも，ストレートに書いてしまい，批判する相手と同じ権力的な支配関係を再現するなら，それでは元も子もありません。

（3）いちどに複数のことを言いたいから

これは（2）ともつながるのですが，同時に複数の表現を目標にすると難解になります。複雑に絡んだ内容があり，しかも順序をつけられないなら，同時に語らなくてはなりません。「分解すればいい」という助言は，あまり解決策となりません。ピアノソナタの右手と左手のパートを別々に聞いてもおもしろくありません。複合的な味わいがもつ迫力や魅力がなくなるでしょう。こうなると論文も文学作品と同じように「テキスト」として存在します。

【難解な論文の対処法】

現実問題として，こういうタイプの論文も読まないと新しい説明モデル，さらにその背後の理論を理解出来ません。まずは，著者や論文について解説書や参考書や言及している論文を探すこととです。本体を攻めるのが難しければ，周辺情報から押さえていきましょう。解説書自体が難解な場合もありますが，それでも補助となる情報を手に入れることで，読む時に安心出来ます。使用している概念の解説や，論文の発表にいたった影響や背景の解説があれば，論文の成立のプロセスをチェック出来ます。

すでに翻訳があれば，読む時の重要な手がかりとなります。

ただし,その際には「翻訳=正解」とは思わず,理解のための手がかりと考えればいいでしょう。翻訳を利用しながら,自分の理解を深めていくのです。翻訳者が論文にたいする万全の理解をもっているとは限らないので,助けを借りながら,自分の読みを広げるチャンスです。

とはいえ,このように周辺情報を固めるのにも限界があります。それに翻訳が出ていない論文もたくさんあります(その主な理由が,簡単に日本語に訳せないほど難解だからです!)。どうしても本文の読解を避けては通れません。それに,いちばん雄弁なのは英語の本文ですから,正面攻撃をする必要はあるでしょう。

【論者の癖を読む】

本文を読む場合,とりあえず仮説を組み立てている「説明概念」を理解しなくてはなりません。そこから説明モデルを推察するのです。辞書を引いたくらいで,説明概念の適切な意味や訳語がでてくることはありません(ちなみに,英英辞典でも事情は同じです)。とりあえず,思想哲学をはじめとする専門分野の新しい用語辞典が必要でしょう。

ただし,難解となる理由は,説明概念に他の領域や過去の論文から借用された概念が多いのと,自己流の概念や用法が多いからです。もういちどあの難物を見てみましょう。

In the widespread paralysis of the collective or social imaginary, to which 'nothing occurs' (Karl Kraus) when confronted with the ambitious program of fantasizing an economic system on the scale of the globe itself, the older motif of conspiracy knows a fresh lease on life, as a narrative structure capable of reuniting the minimal basic components: a potentially infinite network, along with a plausible explanation of its invisibility; or in other words: the collective and the epistemological.

　まず「借用された概念」ですが，たとえばいちいち Karl Kraus などにもどっていて読んでいたら時間がいくらあっても足りません。このような場合は，とりあえず無視して「何も起きない」と理解すればいいでしょう。

　つぎに，独自の用法ですが，Jameson の語りの癖をみることです。このように文が長くなっているのは，言い換えが多いからです。or とコロン (:) で，言葉を置き換えているのです。難解さを解消しようと努力しているのです。ですから，むしろ親切（？）な英文です。

【流れにそって読む】

　難解な論文を読む指針としては，英語の文の流れを，そのまま，思考の流れだと把握しましょう。少なくとも読者にこの順に読んで欲しいと筆者が配列した結果だと理解します。流れにそえば，論者の主張が，あるイメージから次のイメージに移っているはずだと見当もつきます。

　構文解析をするなら，中心部分は，the older motif of

conspiracy knows a fresh lease on life です。どうやら，ここを境に，前半と後半に分かれています。前半もさらにコンマで2つに分かれています。まずは In... imaginary で，状況を示しています。「集合的または社会的想像力があちこちで麻痺している状況」ですね。麻痺と言っていますから，当然嘆いているわけです。次の部分はその麻痺の程度を表します（説明をプラスしているわけです）。to... the globe itself で，「地球規模の経済システムを夢想する野心的な計画と直面しているのに『何にも起こらない』くらいまで」なのですね。これは困ったことです。そこで中心部分で，「共同謀議というもっと古いモチーフが活気を取り戻しているがわかる」のです。

　後半は，3つに分かれていますが，as がついて，あとは「コロン」がついた言い換えです。ここは共同謀議の内実を示すところです。まず，as... components は，「最小限の基本部分を再結合出来るナラティブ構造として」共同謀議があるのだ，といっています。これじゃあ，さすがにわからないだろうと，説明を加えたのが次の箇所です。「自らが不可視であることのもっともらしい説明を伴う潜在的に無限のネットワーク（として）」。どうやら，目には見えないネットワークが，このナラティブ構造なのです。さらに，言い換えて「集合的で認識論的なもの（として）」。つまり，みんなに関わり，物の認識にかかわる共同謀議なのでしょう。だから，目には見えないネットワークで，ナラティブ構造になっているのです。ここの collective が最初の collective とつながり，

さらに章題の totality とつながるのでしょう。

【チャート化してみる】

上のはかなり荒っぽい理解で、訳語はもっと吟味しなくてはならないですし、批評理論との関連からすると、もっと精密に考えるべきかもしれません。しかし、このパラグラフで Jameson が言いたい方向性はつかめたのではないでしょうか。

＊「状況の説明」から「共同謀議の説明」へ向かう
＊地球規模の経済システムと共同謀議のネットワークの関連

こんなチャート化をしてみました。

一般的に、論者は論文の冒頭で、強い問題提起をしたいはずです。それが今回は「麻痺」という言葉なのです。読者よ目を覚ませ、気づいてくれ、というわけですね。しかも、Jameson は分析上の注意点を読者に示します。それは、見えなくても説得力をもつネットワークの存在です。それを見ぬくには、かなり意識的でなくてはならないはずです。

【難解な論文にチャレンジする理由】

では、こうした難解な論文は、自分の意見を「発明」する上で、どんな役目をはたすのでしょうか。たしかに、英語の構文解析力を鍛えることが出来ます（書く英語としては勧められません）。いわゆる全訳をするアプローチ（訳読）は、

こういう英文と格闘する際に採用すべき方法です。とにかく何度も読んで語句の関係を読みとらないと，なかなか理解出来ないと思います。

　ですが，こうした思考の産物と格闘することは別に語学の練習ではありません。自分の発想法の矯正やトレーニングです。説明モデルの理解や許容範囲が，自分の常識や周囲の意見に流されて知らずに知らずに狭くなっているのを正してくれます。ピアノの鍵盤を調律しないと狂ってくるように，思考も手慣れたパターンになってしまいます。ですから，時々，こうした厳格な思考とつきあうことで，安易な理解にすべりおちるのを防ぎます。

　しかも，こうした歯ごたえのある論文は，自分が新しい対象や説明モデルにチャレンジする時に，どこまで分析を進めるべきかを教えてくれます。こうした難解な論文は，従来の見解を整理しながら，それに異議申し立てをするのに全力を注いでいます。そこには，厳密で，しつこく，妥協しない論じ手の思考が表現されています。読みながら，心の動きや意欲に触発され，自分の追求を一段と深いレヴェルに広げる勇気をもらうのです。

<4-4> わざと論文を誤読してみる

【生産的な誤読をしよう】

　論文を書く時に，「天啓」を待つわけにはいきません。学部生でも期末レポートに始まり，卒論や卒研レポートを書かなくてはなりません。大学院以上になれば，毎年，毎学期，成果を論文にしないと困るでしょう。研究者なら必須です。しかも学問研究は日進月歩なのです。湯水のようにアイディアが湧いてくる天才ならいざしらず，私たちは凡才だからこそ，「オリジナル」のアイディアを見つける技が必要となってきます。

　そのための提案が，他の論文や資料を大胆に「誤読」する方法です。この場合の誤読とは，論文の筆者の「意図」に逆らって読むことです。といっても，英文の主語や時制をとり違える初歩的なミスのことではありません。受験までの国語では，筆者の考えを正しく理解したかが判定されました。ましてや，英語では，授業でも試験でも，自分の「オリジナル」な意見を求められる瞬間はほとんどなかったでしょう。そもそも，義務教育とは，一般常識を効率よく教えるのが目的なので，ある意味当然なのです。そこではテキストに逆らう「誤読」は許されませんでした。

　ところが，論文を書くには，学校教育とは逆らった読み方，先生からバツをくらいそうな発想をもつ必要があります。それが「意図的な誤読」です。結局のところ，文系学問にとっ

て，オリジナルとは，従来の考えを「誤読する」ことなのです。前説を誤読し，物の見方や読解の重点を変更することで，新しい発想が登場します。時には「批判的解体」とか「パラダイムの転換」とよばれる激震が走ることがあります。私たちがそんな天才的な「発明」が出来るかはわかりませんが，ジャンボ宝くじの1等賞と同じくらいの確率はあるはずです（ちなみに250万分の1の確率です）。

さて，「意図的な誤読」のやり方はいくつもあります。とりあえず，「（1）針小棒大に誇張する」と「（2）なりきって別な結論をだす」といった点をとりあげます。どれも論者から抗議を受けそうな誤読です。「真意」が別にあるのは了解出来ますが，論文のアイディアをもらって自分の意見を「発明」するには，この程度の誤読は許されるはずです。

以下の試みが成功しているかはわかりませんが，それぞれの作業がもつニュアンスは理解出来るはずです。いつでも，学ぶのはその内容だけではなく，目のつけどころも含まれます。そこを忘れずにこの本も「生産的に誤読」してください。

【針小棒大に誇張する】

第1の方法は，論文の一部を拡大して考えるものです。もとの論文がもっていた限定をはるかに超えます。小さな領域にあてはまる考えを，拡張したり，別の方向へとつなげます。その論文にとってあまり重要ではない一部分を過剰に拡張して，連想ゲームのように逸脱していくのです。

次の論文をそうした観点から読んでみました。

Margot Norris
"Modernism and Vietnam: Francis Ford Coppola's *Apocalypse Now*"
[*Modern Fiction Studies*, vol.44 (1998), pp.730-776].

Norris は，日本で『地獄の黙示録』と知られる映画が，Joseph Conrad の原作と T. S. Eliot の詩の引用から出来ていることに注目し，それが第1次世界大戦後のモダニズムの流れを受けとめたものだと論証しています。

でも，私が注目したのは，モダニズムと映画のつながりの主張ではなく，この映画がフィリピンで撮影されたことに関する短いコメントでした。この映画のいちばん有名なシーンは，Wagner の音楽をスピーカーで鳴らして，ヴェトナムの村をヘリコプターが襲撃する場面です。表面的には，アメリカの狂気は，ナチスと結びつけられていました。

ところが，この撮影では，フィリピン内のゲリラ襲撃の実戦に参加しているヘリコプターを使用していました。映画で表象されたヴェトナム戦争が，そのままフィリピンの当時の現実と重なります。つまり，映画のなかにフィリピンの政治状況の影を読むことも出来そうです。

また，フィリピンはかつてアメリカ領でしたし，Coppola のイタリア系の出自と，フィリピンのカトリック問題を捉えた時に，この映画の制作と完成にいろいろな思惑や力が働いたことがわかります。聖書の「黙示論」に直接言及した題名をもつこの映画に，幾重にも折り畳まれた政治的な無意識を

引っ張りだすのに役立ちそうです。

　これはカトリックの信仰とむかいあった映画なのかもしれません。主人公の旅が巡礼よろしく神の存在証明の旅と重ねられそうです。カトリックに改宗したEliotの詩が映画で引用されたのもうなずける気がします。このように問題点を拡張すると、『地獄の黙示録』という映画を別の観点から読み直すことが出来そうです。

【なりきって別の結論を出す】

　第2の誤読法は、出してもらった前提や素材を使って別の方向へと進めることです。論文の最初の部分や、ときには題名を読んだだけで、こんな結論にもっていきたいと勝手に空想するのです。別の言い方をすれば、論者になりきり、自分なりの論文の展開を書いてしまうのです。ミステリー作家の赤川次郎は、雑誌や文庫本に載った映画や小説の簡単な内容紹介文から、自分なりに続きを考えて、次々と小説を書いてきたと創作の秘密を述べています。つまり、ある程度まで他人の枠組を借り、その上で自分なりの展開をつけ加えるわけです。

　論文を読みながら、「自分なら、そうはしない」というコメントや批判的な意見を出すことが、そうした訓練につながります。たえず論文を「自分ならその素材をどう処理するか」という観点で読む習慣は、自分のアイディア発明には重要です。論文を書いた人の「意図」を裏切って、ある素材を自分なりに料理して、論文を書いてしまうのです。

ここで題材にしたのは以下の論文です。

Roy Coleman and Joe Sim
"'You'll never walk alone': CCTV surveillance, order and neo-liberal rule in Liverpool city centre"
[*British Journal of Sociology*, vol.51（2000）pp.623-639].

わざと本文を読まず，題名と要約に目を通しただけで，考えてみました。リバプールの中心街に，夜間の犯罪を防ぐために監視カメラが設置されました。それが題名の「あなたは独りで歩いているわけじゃない（私たちがついているよ！）」という語句です。こうしたタイプの監視はまずいと不満を述べているのです。現在，論文で neo-liberal とついていたら，それはたいてい悪口です。

【監視カメラの条件づけ】

　この論文を出発点にしながら，題名と要約だけで本文をあまり読まず，方向を書き換えるアイディアを2つ考えてみました。

　1つは，もしも夜道で犯罪が起きた場合にどうするのかということです。監視カメラがなくて，実際の被害者になったら，誰に不満をぶつけるのでしょう。意外と犯罪者に直接怒りや憎しみをぶつけるか，社会が悪いと全体を呪いかねません。それでは，現実に犯罪の発生を防いだり，減らしたりは出来ません。　そこで，犯罪を起こさせない方向で，監視カ

メラの使用のルールを制限したり、付帯条件を探すテーマの論文が書けそうです。もっともリバプールの出来事なので、余計なお世話ですし、「ネオ・リベラル」という批判が来るかもしれません。ですが、どんな場合でも制限条件は考えてみる価値があります。

夜の通りで、犯罪を成立させる条件はどんなものがあるのでしょうか。通りの明るさやシャッターが下りたあとの街のレイアウトでしょうか。飲食をさせる店の営業時間。景気の動向と失業率。巡回する警官や夜間の警備員などの人件費に回せる予算。住民の階級やエスニシティそして年収による階層。さらに流動的に集まってくる人の層の文化的・経済的な背景。とにかく、いろいろな点から調査し分析する必要があるでしょう。

もしも、経済状況が悪いなかで、他の対策がとれないなら、集中管理をする監視カメラをどの場所に導入し、どのように使用すべきかのガイドラインが必要になるでしょう。このあたりの条件を、データの裏づけをとって、具体的な効果もふまえた論文に出来るはずです。理論的というよりも応用的ですが、まさに「社会学」にふさわしいでしょう。

リバプールの市街という「公共空間」をどのように形成するのか、という重大な課題の提起となるはずです。具体的な監視カメラの配置、見かけだけのダミーのカメラを使うのかどうか、ビデオ記録をとることの是非や、スタッフの秘密保持など、必要な条件がいろいろとありそうです。一つ一つの条件の問題点を提示していけば、説得力をもちそうです。

「CCTVを監視するためのルール」という題名でもあてはめましょうか。

【女性の問題の導入】

　2つ目のアイディアは，リバプールの市街の夜道を歩く「女性」の問題をいれたならどうなるのか，というものです。監視カメラは，現在日本のマンションなどのエレベーターで設置が進んでいる装置のひとつです。じつは私が住んでいるマンションでもエレベーター内の痴漢の被害があって，犯人割り出しのアクチュアルな対策が必要だと実感しました。独身女性のライフスタイルが夜型になるにつれ，郊外の都市型住民の生活をどのように安定させるかは，社会にとって大きな意味をもっています。

　その手がかりになりそうなものとして，Colemanたちの論文の題名を見た時，似たような題名の論文を以前読んだのを思い出しました。

Laura Lee Downs
"If 'Woman' is Just an Empty Category, Then Why Am I Afraid to Walk Alone at Night? Identity Politics Meets the Postmodern Subject"
[*Comparative Study of Society and History*, vol.35 (1993) pp.414-437].

題名の「もしも，＜女＞が空虚なカテゴリーにすぎないなら，

じゃあ，なぜ私は夜ひとりで歩くのが怖いの？」とは修辞疑問文です。じつは「女は空虚なカテゴリーなんかじゃない！」と主張したいのです。Downs は，当時ポストモダン流の主体論の立場をとる歴史学や哲学の議論へ，経験主義的なレヴェルで反論しているのです。実際には，研究における「女」のカテゴリーの扱いを検討していて，夜の道をひとりで歩く問題を正面からは解いていません。

そもそも「都会や郊外で夜間女性がひとりで歩くとはどういう意味をもつのか」をもっと詳しく分析する必要がありそうです。「ひとりで夜歩く」とは，同伴し保護する男性や友人がいないという意味です。労働時間やシフトなどの労働条件や勤務形態，さらに都会での夜間の余暇の過ごし方やライフスタイルの変化と対応しています。さまざまなデータや分析方法で，実態や内実を明らかに出来そうです。コンビニを中心とする多様な消費形態，職場と住居の都市計画や，街灯の電力消費をめぐる環境問題などおおくの観点を含みます。フェミニズムはもちろん，社会学や経営学や法学など多くの領域を横断し議論する問題を引き出してくれそうな生産的な問いかけです。

「女」というカテゴリーの考え方や，ジェンダーやセクシュアリティの議論は 93 年よりは進んでいます。そこで，新しい説明モデルとして，Coleman たちの論文にある Foucault 流の「視線」と「監視」の議論と，ジェンダーの問題を解く，映画研究で発達してきた精神分析的な欲望を伴う「視線」の議論を重ねることも出来るかもしれません。こうした公共の

空間の監視カメラは、いったい誰が監視し、誰が監視されるのか。さらに性犯罪の要因ともなる「視線」をどのようにコントロールするのか。すぐには解けないでしょうが、それだけに、リバプールばかりか、日本の都心や郊外でも起きうる問題を扱った論文が書けそうです。「コントロールする視線と視線のコントロール」とでも名前をつけましょうか。

【誤読は思考実験】

いま2つの誤読法とその成果（？）を示しました。別にそこでのアイディアがすぐれているとは思えません。ただし、Colemanたちの論文を最初見た時は平凡な印象しかなかったのですが、このように利用すると、なかなか興味深いものとなります。いろいろと思考実験をしてみることです。論文を書く予備作業のようなものでしょうか。

どうやら誤読法もまた自分の意見を発明する立派なツールとなるとわかってきます。これは、そのまま論文になるかどうかは不明ですが、いずれにせよ、アイディアを生み、自分の意見を発明するための儀式であることは間違いありません。そして何よりも、柔軟な発想が出来るようになってくるはずです。

第5章

「インプットからアウトプットへ」

<5-1> アイディアの作り方

【発想法を発想する】

いよいよ、インプットという受動的な行為から、アウトプットという能動的な行為へと頭を本格的に転換する時がきました。もちろん、第4章までに述べてきた読解の手法はすべて役にたちます。いきなり、この章から執筆へ転身するわけではありません。インプットしながら、しだいに本番に向けて助走していくものです。

何よりも私たちが欲しいのは論文のアイディアです。論文にふさわしい作業仮説つまりテーマでしょう。もっとも、論文で使う理論や説明モデルは、自分の専門領域で決まっているのが普通なので、選択にあまり悩まないかもしれません。

それにしても、論文のアイディアをどこから見つけてくるのか？ やはり謎です。本当は「神のみぞ知る」と断言したり、「散歩の途中や、入浴中や、テレビを観ていて」と逃げたいところです。でも、それはアイディアが見つかった場所であり、どうやってたどりついたかのプロセスを説明していません。「無意識」に責任を委ねることも出来るでしょう。

とにかく、第4章までを読み直してポイントをチェックしましょう。インプットによるヒントを学んでほしいのです。第2章には、主題文を中心とするパラグラフの作り方のヒントもあります。アウトラインによる配置も出てきました。第3章は注の果たす役割も教えてくれるはずです。第4章には

説明モデルや理論の話もあります。しかし、アイディアの発明に困っているなら、次の方法を試してみてください。

【説明概念を探し出す】

データあるいは文献をひたすら集めていけば、自然に答えが見えてくるとする「他力本願」の発想があります。これはかなり危険です。むしろ、議論や印象が拡散して焦点がぼけたものになりがちです。引用や言及がたくさんあるけど、何をやっているのかわからない代物になりかねません。

自分が仮説を作るために、どの説明モデルに依拠するのか、それをはっきりさせましょう。その時鍵となるのは、やはり説明概念です。キーワード、より正確に言えば、説明モデルにつながる専門用語です。

（1）入門書などについている用語集を見る

意外と自分の専門領域でも説明概念を知らないものです。そこで、入門書などの「用語集（glossary）」を見ます。そこにある言葉の説明を読んでいるうちに、いろいろなイメージがわいてきます。出来れば、Peter Brooker (ed) *A Concise Glossary of Cultural Theory* (Arnold, 1999) のような手軽な用語事典を買ってもっていましょう。そうすると、新しい論文などで出会った用語もすぐわかりますし、逆にそうした説明概念をどうやって使ったらいいのかというヒントにもなります。

（2）過激そうな論文からもらう

　図書館などで，自分の専門と関係なくても，題名が過激そうな論文を探しましょう。その説明概念に忠実に依拠しなくてもいいのですが，読んでいると別な発想をひょいと与えてくれることがあります。

　たとえば，Rhonda K. Garelick の *Rising Star: Dandysm, Gender, and Performance in the Fin de Siècle*（Princeton University Press, 1998）は，Baudlaire や Oscar Wilde のような古典的な 19 世紀末のダンディと 20 世紀末の Prince や Madonna や Derrida というダンディをつなげて議論する興味深い本です。その第 3 章に Robotic Pleasure とか，第 4 章に Electric Salome といった変わった表現が出てきます。何か機械的なものと踊りやパフォーマンスを結びつける議論をする時に，Garelick が持ち出した説明概念です。こうした発想から，「ロボット的な＊＊＊」とか「電気仕掛けの＊＊＊」という把握の仕方がもらえそうです。このように，他の論文の説明概念をいただいて，自分の論文ならどのような展開に結びつけられるか推察します。

【雑誌の特集を見つける】

　雑誌には時々特集号があります。そこで扱う題材が自分の関心と近いなら参照しましょう。ただし，人名がついた追悼号ではなく，シンポジウムに基づいた「特定の論題」の議論を展開している号がお勧めです。多彩な人が論文を寄せている特集だと，異なった立場の意見を読めます。自分の考えが

誰の論文に近いのかを探ると、思わぬ味方やヒントが見つかります。

その際には、特集全体を見渡して、意見や考えの系譜を紹介してくれる親切な論文を探しましょう。たいてい、巻頭か最後の論文で特集の責任者か学界の重鎮が書きます。全体を見渡す論文から、説明概念や説明モデルの歴史をたどるのです。1本の論文の内容をピックアップして自分で読んでいるうちに、考えにひっかかる議論や説明モデルが出てくるはずです。

たとえば、こういう論文を見つけました。

Aage B. Sørensen
"Toward a Sounder Basis for Class Analysis"
[*American Journal of Sociology*, vol.105（2000）pp.1523-58].

これは、老舗の雑誌の「階級分析（Class Analysis）」に関するシンポジウム特集号の巻頭にあり、シンポジウムを組織した中心人物の手になる問題点を見渡す論文です。じつは、2000年には、*PMLA*誌も、ミレニアムにふさわしい特集として「階級」をとりあげて、この古くて新しい問題に切りこもうとしています。

Sørensenは、Weber流の階級の定義である"class as life conditions"と、Marx流の定義である"class as exploitation"とを比較して、後者に分があることを、地代をめぐる証拠を

あげて説明します。ただし，その過程で両派にどんな議論があったのか，現在どのような説明モデルが提出されているかもわかります。もしも，Sørensenの議論に賛成出来そうなら，そのままシンポジウムの他の論者による論文や彼の過去の論文を読めばいいでしょう。反対の立場なら，彼があげているWeber派の論文を読むと，考えが広がるはずです。こういう作業を通じて，説明モデルの選択までが行えるでしょう。

【単語を入れ替える】

古典的な論理学では，「大名辞」と「小名辞」との位階の取り違えは禁じられています。たとえば，「イングランド」と「庭」では，イングランドのほうが包みこむ大きな概念です。ですから，「イングランドの庭」という表現は疑念をもたれません。ガーデニングや庭園術の本にたくさん出てくるでしょう（建築史の専門家のDavid R. Coffinによる *The English Garden: Meditation and Memorial* という素晴らしい本があります）。

しかし，これをひっくり返すと「庭のイングランド」という意味があやういけど人の目をひきつける語句が生じます。これは，じつは川崎寿彦が書いた魅力的な本の題名です。庭から見たイングランドともとれますが，庭という現象からイングランドの文化的・政治的変化を探ろうとしているわけです。こうした転倒がはっとする発想を生むことがあります。

気になる英語論文の題名に別の言葉を入れ替えてみたりし

てみましょう。Annete Kuhn（ed）*Alien Zone II*（Verso, 1999）は，SF 映画を縦横に論じた重要な論集ですが，その参考文献表から適当な題名を抜き出して入れ替えてみましょう。

"Race, Space and Class: The Politics of SF films from *Metropolis* to *Blade Runner*"（R. L. Rutsky）

3つの要素が SF 映画に共通していると告げているのでしょう。何かを3つ並べて関係を見るわけです。客からお題をもらってストーリーをこしらえる落語の三題噺に似ています。「王，騎士，魔法使い」とか「デザイン，音楽，台詞」といった具合に並べてもいいはずです。あるいは，副題の Politics を「経済学」とか「ホラー」とか「美学的抑圧」と入れ替えてもおもしろそうです。

"The Mediation of Technology and Gender: *Metropolis*, Nazism, Modernism"（David Desser）

対立する内容を調停するわけですから，関連するがぱっとつながりそうもない種類が興味を引くでしょう。これは原題を離れて，「デモクラシーと経済成長」とか「犯罪とテレビ」とか「精神分析と賃金」とかいろいろな組み合わせを考えてみます。

"Before and After *Metropolis*: Film and Architecture in Search of the Modern City"（Dietrich Neumann）

何かの分岐点になるものを指摘し，その前後を問題にするわけです。「湾岸戦争」とか「ユーロ通貨」とか「ポケモン」とかいろいろと入れられそうです。副題の in Search of も「＊＊＊を求めて」と使えるので，何か共通の目標をもっていた別々の動きを表すのに利用出来そうです。

こうしたいわば言葉遊びのような作業をやっていると，何かアイディアがひらめく瞬間があります。アンソロジーなどを見て，そこに出てくる言葉をあれこれ入れ替えてみると，意外なひらめきがあるものです。待っていてもアイディアは訪れてくれません。こちらから積極的に打って出る必要があるのです。

【論文は論文から作られる】

じつは誰もはっきりと言わないのですが，私たちは「生」のデータから自分の論文を書くわけではありません。論文には独自の仮説が必要ですが，それは参照する説明モデルや理論から生みだされ制限されます。新しい論文でも，すでに存在する論文の意見や立場に縛られているはずです。

その状況を考えるヒントになるのが，現代の文学研究での定式である「小説は小説から作られる」という考え方です。人生で今まで1作も小説を読まなかった人が，いきなり小説を書けるはずはありません。ふつうは，すでに読んだ小説に

似せて書くわけです。作家に重症の小説ファンが多いのが実状です。書く時に，頭のなかに過去読んだいろいろな小説を想起し並べながら新しい作品を作るのです。

　こうした作業は，悪口を言えば「パクリ」ですし，よく言えば「影響関係」です。「伝統を利用する」とも言えます。オリジナルかどうかで訴訟騒ぎになる場合もありますが，扱っているデータやその効果が異なれば，やはり別物でしょう。そう考えないとShakespeareのように，他人ネタで次々と傑作を書いた天才の扱いに困ります。それに，神話や民話のレヴェルにもどれば，どの話も共通するとする考え方もあります。

　同じように「論文は論文から作られる」と考えるべきでしょう。図書館や書店で集めてきた多くの論文をどう利用するかが問題となります。論文の組み合わせを通して，アイディアをもらうのです。論文を集めてアンソロジーを作って終わるのではありません。もっと積極的に論文を利用するのです。

【グループ化と並べかえ】

　まずは，集めた論文を「これは必要」とか「とても気になる」と価値づけて，テーブル上にトランプのカードを並べる要領で分類します。1本の論文が1枚のカードに当る感じです。何なら題名だけを書いたカードを作って，並べてみてもいいでしょう。

　そもそも，分類とはグループ化のことです。自分が気になる論文を結びつけてグループを作り，それと対立する論文や

意見を探ります。仲間になる論文や対立する論文のグループにまとめたり、これは押さえや切り札として使うが、これはあまり関係ない不要な論文だと分けたりします。各論文がもつ主張と自分の意見との距離をはかりながら、いくつものグループをつくるわけです。論文が多いほど組み合わせが増えますが、数が多いと疲れるし、頭が混乱するので、いちどに10本くらいが限度でしょう。

　もしも、より強力な意見をもつ論文が登場して、魅力を感じなくなった論文があれば、不要なのでトランプのカードのように捨て、別の論文を探してきて補充するのです。おそらく最初の段階はこの作業の繰り返しとなるでしょう。執筆の締め切り期日を意識しながら、最良のセットを見つけます。慣れてくると論文のアイディアがひらめく有力な方法となるはずです。

【ストーリーを作れ】

　ある程度セットがまとまってきたら、こんどは、お話を作る要領で、その論文のグループを並べていくのです。手持ちの論文のセットを見ながら作戦を練ります。出だしはこの論文に反論して、自分のテーマを強く出すが、続いて、「これ」と「あれ」と「それ」を使って自分の意見を補強し、最後はこの論文のあざやかなやり方を真似して終わろう。こんな風に、論文を「手駒」にしながら、ひとつのストーリーを作るのです。

　順序を何度も並べかえていけば、自分にとって最良の組み合わせが作成出来るかもしれません。持ち駒に不満があれば、

使用する論文を変更します。そして，出来上がったストーリーに合わせて，援軍になりそうな論文を足していけばよいのです。他方で，文献やアンケートなどから集めたデータで，自分の議論の裏づけをとれば，それで立派な論文になります。参考文献も，使用した論文名を記載すればいいわけです。

　もちろん，上の手順を京大式カードに書き写して実践する方法もあります。論文の書き方を教える参考書の多くが推薦しているやり方ですが，根本精神はこのストーリー作りと同じです。私たちは，「生」のデータから論文を作るのではなく，「過去の論文を並べながら，新しい論文を作る」のです。意外な盲点であるこの発想を理解しておくことが，自分が意見を「発明」して論文を書く上でとても重要なコツなのです。

● コラム ●
「論文を書く参考書」

　書店にいけば，じつに，いろいろありますが，どれも一長一短があります。ここでは，日本語で読めるものを採用しました。

<日本語で書くための参考書>
　花井等，若松篤『論文の書き方マニュアル・ステップ式リサーチ戦略のすすめ』（有斐閣アルマ，1997年）は，アメリカで国際政治を専攻した著者が，その流儀を伝授しようとしているものです。ステップ式がわかりやすいでしょう。木下是雄『レポートの組み立て方』（ちくま学芸文庫，1994年）は，人文社会科学系の研究者のレポートを想定していて，材料の集め方から校正記号まで教えてくれてとても有用です。鷲田小彌太『入門・

論文の書き方』(PHP 新書，1999 年)は，論文を生産するためのパソコンの活用法を示してくれます。

<英語で書くための参考書>

加藤恭子，ヴァネッサ・ハーディ『英語小論文の書き方』(講談社現代新書，1992 年)。英文パラグラフの構築に関して，基本的な技術を習得出来ます。また，藤本滋之『やさしく書ける英語論文』(松柏社，2002 年)もパラグラフの組み立てに有用です。杉原厚吉『理科系のための英文作法』(中公新書，1994 年)は，題名に理科系が入っていて，題材もその分野ですが，「談話文法」を本格的に応用した内容となっています。情報のつなぎ方や，動詞型の利用法が，実践的に身につくでしょう。上田明子『英語の発想』(岩波同時代ライブラリー，1997 年)も，やはり，「談話文法」に依拠し，情報の流れを旧情報の「シーム」と新情報の「ミーム」という観点から制御する方法を習得出来ます。

少し毛色が違うものとして，テンプレートという既存の枠組を使って，ライティングを学ぶものがあります。ザ・プリンストン・レビュー編『戦略的 TOEFL テストライティング』(SSC，2000 年)です。これはコンピュータ試験に移行して英作文が導入された TOEFL 試験の対策本ですが，自分の意見をカテゴリーに分け，効果的な英文を作る技術が述べられています。

また，崎村耕二の『英語論文によく使う表現』(創元社，1991 年)は『英語で論理的に表現する』(創元社，1998 年)とともに労作です。どちらも，実際の論文からいろいろな表現を抽出して，使用法を教えてくれています。通読するよりも，辞書の感覚で，書いていて困った時に適宜開いて利用出来るでしょう。

<5-2> 論文作成作業の流れ

【論文作成までのフォーマット】

このセクションでは，論文の書き方全般への注意点を一般論として述べます。今まで論文のアイディアや自分の意見の発明に関して説明してきましたが，内容を整理すると，こういうフォーマットが見えてきます。

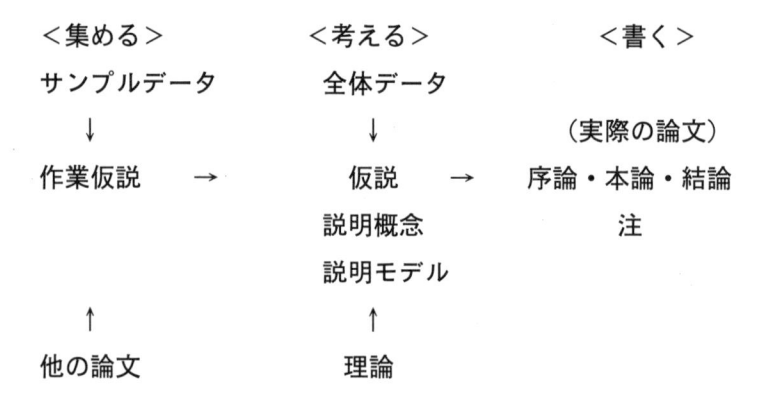

```
<集める>           <考える>              <書く>
サンプルデータ      全体データ
   ↓                ↓               （実際の論文）
作業仮説      →     仮説       →    序論・本論・結論
                   説明概念                注
                   説明モデル
   ↑                ↑
他の論文            理論
```

第1は「集める」段階があります。対象となるデータを収集しながら，そのサンプルで，まずは作業仮説を作るのです。これは一種の思いこみでしょうか。もちろん，他の論文から，説明概念や説明モデルをもらってきて，説明しようと試みるのです。

第2は「考える」段階です。自分が使用する説明概念（キーワード）や説明モデルをはっきり意識しましょう。必要なら

理論を論じている本にさかのぼり，説明モデルの歴史や根拠を知って納得しましょう。この段階での仮説は，サンプルだけでなく，全体のデータを説明出来なくてはなりません。

　第3は，いよいよ「書く」段階となります。ここでは，読者にたいし効果的で説得力をもつ文章の組み立てを念頭において書くのです。自分の議論を他人にきちんと提示する意識をもつことです。たとえ，客観的な表現を駆使していても，読者を想定しない自己満足で自閉的な語りは避けるべきでしょう。

【書く時の手順】

　実際に論文を書く手順は，ある意味でシンプルです。

「問いの発明」
↓
「材料とアイディアを集める」
↓
「フォーマットやアウトラインにあわせる」
↓
「新たな材料とアイディアを集める」
↓
「何度も手直しする」
↓
「アウトプット完成でようやく論文に」
↓
「前の論文の反省から新しい問いの発明」

研究そのものがこの繰り返しとも言えます。ひとつの論文を書く作業は，そのまま研究全体とつながっています。そして，本番をたくさんこなせば，しだいに慣れて上手になるのです。

【作業仮説から本当の仮説へ】

　論文とは，問いかけから思いついた一時的で私的な「作業仮説」を，公的な場，つまり研究発表や学術雑誌や単行本で通用する「本当の仮説＝主張」へ書き換えることなのです。ここでの「作業仮説」は，家を建てる時周囲をかこむパイプや板で出来た足場に似ていて，完成したら取りはずされます。結果として，最初から家が自力で建ったかのように見えるのです。そして，「本当の仮説」という説得力をもった意見が姿をあらわすのです。

　まずは，いくつかのデータのサンプルから，直観的なインスピレーションを足場にして「こうかもしれない」とか「こうじゃないかなあ」という作業仮説を作成します。もちろん，他の論文を並べ替えているうちに発明した意見でもいいわけです。このように作業仮説は少ないデータのサンプルから大胆に発想すべきなのです。他のデータなどを見てあてはまらなければ，別の作業仮説をたてるだけです。

　そして，自分なりに確証をえたら（サンプル数の倍量のデータにあてはまるなら，作業仮説はおそらく大丈夫でしょう），たくさんのデータや他の多くの論文を援護として使用し，証拠と論証によって議論を固めていきます。最後に，「こうであるはずだ」とか「こうなんだ」という断定的な意見へと変

更します。

　このプロセスは言い換えると，主観的で頭のなかにあるだけの思いつきを，客観的（というか共同主観的）で，みなが共有出来る思考内容へ変えることです。そうした論文の説得力を保つために，論文の首尾一貫性を獲得しなくてはなりません。

　論文のなかで言及したり引用した事柄はすべて使い切るのが理想です。舞台に出した小道具や人物たちは全部使う信念をもった劇作家がいました。これはそのまま英語論文を書く心得ともなるでしょう。不必要な事柄を引用したり言及しないで，あくまでもムダをはぶいて，過不足なく書くことが大切なのです。

【見切り発車せよ】

　じつは意外と大事なのは，「書く段階」へいつ移行するかの見極めです。必要なデータが3分の2くらい集まって，作業仮説の見通しが立ったら，すぐにも論文を書き始めるのが賢明な考え方です。どうせ一度に全部のデータを集めることは出来ません。論文のチェックなど時間がかかります。しかも，作業仮説が形成されなくては，どのデータが大切なのかわからないのです。書いているうちに，作業仮説も修正され，追加や補足を必要とするものなのです。これを嫌がっていると，永遠に書き出さない「幻の傑作」の夢を追い続けることになります。

　いまや論文を書くのにワープロやパソコンを利用するのが

常識でしょうから，使えそうだと直観した情報を片端から入力しておきます。メモなどをもとにデータや引用すべき他人の論文をピックアップします。ファイルにどんどんそれを打ちこむのです。デジタル情報なら，あとで自由に加工出来，内容のコピーも楽です。どのように使用するのかはあとで判断しましょう。削除や訂正がいくらでも出来るのです（ただし，原典初出のデータを引用文のすぐ下にきちんと記載しておくことを忘れてはいけません）。もしも必要なら，それをプリントアウトしたものを情報カードとして利用すればいいのです。

　こうした作業は本文を書く場合も同じです。並べ替えや書き足しが簡単に出来るのですから，その機能を利用します。アイディアや作業仮説をどんどん書きこみましょう。それを並べ替えてみるだけでも，自分が考えている全体の構想がいろいろと見えてきます。形にしないと頭ではなかなか納得出来ないものなのです。

　それと同時に，思いついたまま書いたのではだらしない文章になるのがふつうです。本文を書いた後でもかなりの修正が必要です（実はこの本自体がそうやって書かれています）。パラグラフ内の文を移動して，効果的な組み合わせを探します。時にはパラグラフ全体を前後に組み替えたり移動したり，必要なら独立させて小さなセクションを作ることが出来ます。また，長く書きすぎたら，その部分は大胆にカットをしましょう。日記ではありません。自分の思い入れだけでは効果的な論文にはならないのです。

【情報をアウトラインにはめこむ】

　論文には「アウトライン（outline）」と呼ぶ骨組みがあります。いわば情報の配置図です。それで論文が読みやすくなりますし，何よりも相手に意見が効率よく伝わるのです。そこで書く前に，情報の配置図を作っておきます。強制的に小見出しを加えた章立て（＝枠組）を作り，キーワードやデータを記入しながら，論文の体裁へと整えていくのです。必要なデータを埋めることで体裁を整え，論の説得力を獲得しやすいのです。

「序論」→「データの提示による論証」→「結論」

標準的な流れはこんなところでしょうか。「起承展結」とも言えます。でもこれでは，あまりに簡単すぎます。次のように把握しましょうか。

「題名」　使用する対象と説明概念や説明モデルを提示
「序論」　問題点と自分の仮説を手短に説明する
「本論」　具体的に論を展開する
（1）　古い順（あるいは逆）に情報を並べる
（2）　周辺から中心（あるいは逆）へ情報を並べる
（3）　脇から重要なもの（あるいは逆）へ情報を並べる
「結論」仮説の確認（あるいは今後の予定）
「注」　本論をサポートし議論の背景を示す論文を言及

これなら論文の体裁として申し分ありません。

　題名をあれこれ考えるのは大切です。キーワードつまり説明概念の選択につながるわけですから頭をひねりましょう。自分の「仮説＝主張」が何かをはっきりさせる役割があります。現実問題として，題名と序論が決まれば，あとはかなり機械的な作業としてやっていけると思います。

　本論は最低でも3章くらいに分けて，順序よく情報を配列にします。小見出しをつけると意外とまとまるものです。やはり，読者の便宜をはかって，きちんと流れを作って情報を並べるのが親切です。結論は，序論を簡単に確認する内容でいいでしょう。最初のうちはあまり次の展望を書かない方が無難です。自分の仮説が失敗かもしれないですし，予告をしても続編が登場しなくなる可能性もあります。注はもれなく忘れずに。こんなところがチェックポイントでしょうか。

● コラム ●
「発想や論理のための参考書」

　自分の発想を広げたいなら，西岡文彦『図解発想法　知的ダイヤグラムの技術』（JICC出版局，1984年）や松岡正剛『知の編集術』（講談社現代新書，2000年）がお勧めです。どちらも，視覚的なものを媒介に，発想をうながし，同時にそれを整理していく方法を述べています。いろいろな方法が紹介されているので，自分にあったものを探せます。

　また，三段論法を根底においた文を書く実務的な「論理」は，バーバラ・ミント『考える技術・書く技術』（ダイヤモンド社，

1995年）で習得出来ます。これは英米人のビジネス文書がいかに非論理的かを指摘して,「ピラミッド構造」の導入でレヴェルをあげた教科書です。英語だから論理的などではないことがよくわかります（だからこそ,大学の授業でライティングの練習をするのです）。このミントの本を,日本人向けにしたのが,後正武『論理思考と発想の技術』（プレジデント社,1998年）。後は,寺田寅彦の随筆などを例にとって,論理のツリーの作り方や「争点」の設定の仕方についてのヒントを与えてくれます。

<5-3> 魅力的にするには

【気をつける3つのポイント】

　他人に読んでもらう以上，論文も魅力的でなおかつ誘惑的でなくてはなりません。現代は生活が忙しいので，第一印象がそのまま評価へとなる場合も多いのです。ハリウッド映画やアメリカン・コミックスには，タイトルシーンだけを書く専門家がいるとか。それほど意図的ではないにしても，人目を引くかどうかも大事な要素です。

　どうせなら，身だしなみと同じなので，他人に気に入られるように工夫をすべきです。少なくとも凡庸な感じや不快な感じを与えるわけにはいきません。内容とも深く関わりますが，やはり，みかけも重大な切り札となります。大切なポイントとしては3つあるでしょうか。どれも論文の冒頭に関わるものです。

（1）題名のつけ方
（2）出だしの書き方
（3）自分のプランの示し方

3つとも最低限は身につけなくてはいけない技術です。では順次説明していきます。

【題名のつけ方】

第1の「題名のつけ方」ですが，題名とは一種のラベルです。商品名のように，他人の目に魅力的に見えなくてはなりません。「人目をひく（catchy）」という言葉がありますが，やはり，はっとする部分がないと受け入れてくれないようです。

歴史がある雑誌を，創刊号から最新号まで目次を眺めると，題名にも傾向や流行があるとわかります。題名で，それぞれの時期での研究の関心がわかります。たとえば，"myth" や "structure" や "semiotics" や "politics" あるいは "reading" のような方法論を示す語でしょうか。80年代以降は，"dialectic"，"structure"，"deconstruction"，"politics"，"post-" といった語が題名に採用されてきました。これは，そのまま流行となった理論の指標ともなります。そして，現在は，"feminist"，"gender"，"colonial"，"global" といった語がついたりします。説明概念を示す指標にも敏感になっておく必要があります。

日本人の英語論文が海外の雑誌に受けいれられない理由が，議論の流れや傾向を読みとっていないせいだとされます。そうした弊害を防ぐためにも，研究論文や研究全般の動向を調査しておく必要があるでしょう。

ただし，それと矛盾するようですが，誠実であることも要求されます。使ってもいない題材やアプローチをあげて読者をだますのは虚偽です。批評理論に代表される新しい動きは，耳目を集めやすい言葉が多いので注意すべきです。日本でも

「記号論」や「ポストモダン」や「ジェンダー」や「政治学」といった語をつけながら，気分的な提示にとどまり，内容は旧来どおりで，何の刺激も与えない論文はよくあります。その結果，理論自体の有効性に疑問を投げかけられる場合もあります。

　いずれにせよ，題名は英語論文の総決算ですから，これに注目しなくてはなりません。題名による学問全体の動向にも注意を払う必要があります。

　たとえば，次の題名はポイントをはっきりと告げています。

"Off-Beat Rhythms: Patterns in Kuba's Textiles"
"Self-consciousness in Shame: The Role of 'Other'"

どれもストレートな内容で，直球勝負の感があります。
　「A & B」という対比を含む題名も意外とあります。

"Psychological Knowledge and the New American Dilemma of Race"
Culture and the Public Sphere

といったぐあいです。
　従来の見解をひっくり返そうとする野心的な題名もあります。

The Artist as Anthropologist: The Representation of Type

and Character in Victorian Art

"Games the States don't Play: Welfare Benefits and the Theory of Fiscal Federalism"

2つ目は「国家がやらないゲーム」という少しショッキングな題名で人の目を引こうとしています。ただし,「文学的」なので,何の論文なのか意味不明となり,検索にもヒットしにくいのです。

　「分析対象」と「分析方法」を組み合わせた題名が読者にわかりやすいと思います。

Law, Freedom and Story: The Role of Narrative in Therapy, Society and Faith

Sentimental Men: Masculinity and the Politics of Affect in American Culture

自分の能力と全体の傾向を考えて,効果的な題名を選ぶべきでしょう。他との違いを工夫しつつも大げさにならないように配慮するというのが基本でしょうか。最初のうちは,題名に凝らない方が賢明です。

【出だしの書き方】

　どんな場合でも出だしは緊張します。「出だしの書き方」も重要です。これがチェックする第2点です。何もない空白

地域に踏みだす最初の一歩だからです。何度論文を書いても,どの地点から始めるのが適切なのかに関して悩むはずです。起点が決まると,次にどこへ行くかの方向も定まるからです。議論を進める範囲が狭められるわけです。

たとえば,新しい議論を提供する論文は,出だしから野心的な場合が多いのです。内容がそのまま書き方に影響を与えるのでしょう。もちろん論文は,小説に比べたら制約が大きいですし,使えるパターンも限られています。それでも,いろいろ工夫する余地はあります。他の論文が議論をどのように始めているかを知っておくのは,自分の語り方を見つけるヒントとなるはずです。

(1) 問題点をずばり切りだす

ある意味でそっけなく,しかし,それだけに誤解も少ないのは,冒頭で対象や問題点をはっきりと告げる方法です。これは初心者向きですし,何よりも王道です。

The extraordinary growth of the Internet in the last few years has led some to speak of the birth of a world without borders, a place where free communication, competitive markets, and extensive comparison shopping are a matter of course (See *The Economist* [1997a] and Hof [1998]). This apparent lack of geography in cyberspace, however, has raised some difficult problems regarding government policy, especially tax policy, toward the "new" economy.

Austan Goolsbee の "In a World without Borders: The Impact of Taxes on Internet Commerce" [*The Quarterly Journal of Economics*, vol.105 (2000) pp.561-576] の冒頭です。最初の文が現状を告げ，2つ目の文がどこに問題があるかを示します。

　もちろん，こうしたストレートな主張が出来るのは，読者が共通理解をもつという前提があるからです。初対面でも，問題や関心が一致する相手とならば会話がはずみます。専門雑誌なら，読者と利害や関心が一致するはずなので，過去の議論を簡潔に要約し，専門用語をちりばめることが出来ます。

Shame has been characterized as a 'social' emotion (Shott, 1979) and a 'self-conscious' emotion (Tangney & Foscher, 1995), alongside other emotions such as humiliation, shyness, embarrassment and guilt.

これは W. Ray Crozier の "Self-consciousness in Shame: The Role of the 'Other'" [*Journal for the Theory of Social Behaviour*, vol.28 (1998) pp.273-286] の冒頭の文です。Crozier が「羞恥心」に関する過去の議論を回顧している箇所ですが，このように簡単に単語ひとつで内容を引用しながら，それぞれの見解を小気味よく整理するのは，出だしとしてすぐれています。専門の研究者なら人名や単語から，論文

の内容をすぐに思い出すはずです。この手法はそのまま採用出来ます。

論文よりも軽い一般向けの評論ですが、こんな始め方もあります。

It sounds nice to install democracy in places like Haiti and Somalia, but does it make any sense? Would an increase in political freedom tend to spur economic freedoms specifically property rights and free markets — and thereby spur economic growth?

Robert J. Barro の *Getting It Right: Markets and Choices in a Free Society* (The MIT Press, 1996) の1ページ目の経済成長に関する章の冒頭部分です。ここで Barro は、一般論を述べておいて、次に疑問文で自分の関心を提示します。「皆はそう見ているようだが、実は違うと私は思う」というのは、人目を引く始め方です。Barro は同じ経済学者の Milton Freedman に親近感を覚え、政府による規制に抵抗する古典的リベラリズムを標榜しています。その見解がこの後に続くのです。

（2）エピソードから入る

歴史上のエピソードや逸話から入る方法もあります。誰かの言葉や文章の引用で始めるわけです。歴史系の論文に多いのと、イギリス系の論文では目立つようです。次の導入はそ

の典型でしょう。最初のパラグラフの前半部分を引用します。

In late November 1765 both Lady Rockingham and William Pitt were in Bath. Here, society was less politically charged than in London and the social circle was sufficiently small to facilitate socializing across political divides. As her letters to her husband demonstrate, she turned this to political advantage. The death of the duke of Cumberland at the end of October had left the Rockingham whigs lacking public credibility. They believed that public confidence in the ministry would be restored if they could obtain some mark of support of William Pitt.

出典は，Elaine Chalus の "Elite Women, Social Politics, and the Political World of Late Eighteenth-Century England" [*The Historical Journal*, vol.43 (2000), pp.669-697] です。Lady Rockingham と William Pitt がいっしょに保養地のバースへ出かけたわけです。今ならさしずめ「不倫旅行」ですが，この旅には内閣を倒壊させて政治的に困っていた夫の Rockingham による黙認どころか積極的な後押しがありました。夫は自分の政治的危機の打開に Pitt の援助をとりつけるのに，夫人の「政治的」手腕に期待していたのです。夫人は経過を逐一述べる手紙を夫の許に送っています。それがこの論文の論拠となっています。

このエピソードから、Chalusは、バースがロンドンに比べると社交的な規制がゆるく、18世紀の上流女性が比較的自由に行動出来た場所だったとみなしていきます。冒頭で小さなエピソードを分析することが、もっと広範囲な議論を展開するきっかけとして、戦略的に利用されています。

　80年代以降に「新歴史主義」や「新しい文化史」の影響を受けた英語論文の場合だと、エピソードの扱いのニュアンスが異なります。「無名」の人による手紙や日記が引用されます。歴史をゆるがす大事件ではなく、近所の日常的な出来事の体験を取りあげます。ある時代や出来事に関し、従来主流だった見方をパロディ化（脱構築）し、新しい批判的な見方を導入するのです。この手法は、ポストコロニアル批評などにも受け継がれてきました。

（3）個人の体験や思いから入る

　「私」の体験を思い切り前面に出して、そこから議論を始める。これは現在、フェミニズム系の論文を含めて広がってきた流れで、90年代に顕著になったと言えるでしょう。「体験（experience）」が重要な鍵をにぎると理解されてきました。先ほどのChalusの歴史学論文が、（18世紀の事件ですから当然ですが）「他人」のエピソードを語っていたのに、こちらは「自分」のエピソードなので、個人的な内容になります。しかし、従来の「公」と「私」の区別を与えている力こそが分析対象なのです。

　次もそうしたスタイルを採用しています。

Recently, I was confronted with a stressful situation when I was told that we needed to replace an expensive section of sewer pipe in the front yard of our house. My response was to get angry at the contractor who had just informed me of the situation. Rather than becoming saddened, or resigned, in the face of stress or danger I, like most men I know, will become angry.

下水管の工事業者に理不尽な怒りをぶつける男の告白です。雑誌のエッセイのようですが,これは,哲学者の Larry May の *Masculinity & Morality* (Cornell University Press, 1998) の9ページ目の一節。第1章の冒頭部分です。151ページある本文にたいし,36ページに渡って注と文献表と索引がついた本格的な研究書なのです。分類としては Gender Studies / Philosophy となっています。どこからみても研究書ですが,いきなり個人的な体験が語られています。

　May が展開しているジェンダー研究は,客観的に議論を設定すると「自分」の問題ではないとして,対象と距離をとってしまう可能性があるのです。そこで,規範的ではないこうした記述のスタイルをわざと採用するのです。近代科学の基礎となった一般法則を優先する発想が,近代的な啓蒙思想がもつ弊害だ,として抵抗を続ける「近代批判」を考える論者は,科学論文の客観的なスタイルの記述を拒むのです。あえてこうした記述方法を採用する論者もいるのだ,と頭の片隅に記憶しておいてください。もちろん,それを自分の論文で

採用するかどうかは別の問題です。

じつは語りの問題は，文化人類学者の Levi-Strauss による『悲しき熱帯』が，旅行記か研究論文かで論争があって以来の根深いものです。こうしたスタイルが論文にふさわしくないとする議論も巻き起こりました。しかし，観察が主眼となる文化人類学や歴史学や精神分析学といった人文系の学問では，この語りの問題を避けて通れません。ナラトロジーの対象領域でもあります。そこで次のように論文が始まることがあります。

I want to start speaking as an oral historian. This isn't because I think African history is fundamentally oral history. Indeed, I think the idea that African history must be based on oral material is a dubious North American professional invention, but that's the point. I'm speaking as an oral historian, first because that's what I've done for most of my career, and second because I don't believe you can have a serious talk about lies, secrets, telling or not telling without locating it in some way in orality and oral history: the history of telling is the history of talking.

これは Luise White による歴史学と文化人類学を踏まえた語りの問題を考察しようとする "Telling More: Lies, Secrets, and History" [*History and Theory,* vol.39 (2000) pp.11-22] の冒頭です。この題名は，フェミニストの理論家で詩人の Adrienne Rich の著書 *On Lies, Secrets, and Silence* を意識しているのは間違いありません。現地での歴史の記述がないから oral history だとみなされてきた「アフリカ史」に立ち向かう時に，もういちど oral history を引き受けようと考える White が，フェミニストの Rich の仕事を意識したのは理解出来ます。この冒頭の箇所で，中学生でも知っている speaking, telling, talking がはっきりと使い分けられているのを無視しては読めません。こうした語りについての「反省」は，論文を書いていく者にとって重要です。

【自分のプランの示し方】

第3の注意点は，論文で展開するプランを率直に示すことです。自分がどのようなアプローチや対象を選択したかを読者に向って明確に表現すべきです。たとえば，Sharon Cameron の "The Way of Life by Abandonment: Emerson's Impersonal" [*Critical Inquiry*, vol.25 (1998) pp.1-31] という論文があります。Cameron は，19世紀のアメリカ合衆国の思想家である Emerson が唯名論と実念論の中間をねらって展開した impersonal という概念が，20世紀の Levinas や Parfit などの現代思想家の考えとつながることを証明しています。現代的な関心によって，古典である Emerson を新しく読み直すわけです。

Cameron は，「序論」で，自分の仮説を証明するために，どのようなプランで論証していくのかを予告します。

I examine....
I consider....
I argue....
I understand....
I turn....
I claim....

このように次々と自分が行う作業を明言します。こうした表現が、そのまま論文で展開される議論の方向性を示すのです。どれも、私たちが英文で書くのに利用出来る表現です。

　論文を執筆するには、あくまでも率直にその目的や見解を語ることが大事なのです。

This article will first explicate the concepts of medium and memory in the context of advertising effects. It will then present the methods and results of an experiment designed to answer the above-mentioned research question. Finally, it will discuss the findings with a view to enhancing academic understanding of the psychological effects of online media.

これは S. Shyam Sunder 他による "Does Web Advertising Work? Memory for Print vs. Online Media" [*Journalism & Mass Communication Quarterly*, vol.75 (1999) pp.822-835] の序論の最後のパラグラフです。ここには、自分たち

が論文でどのような議論をするのかを順序よく説明していて，それがそのまま全体のアウトラインの提示となっています。

自分のプランを語る時には，態度や方法を明確にすべきでしょう。文章の「余韻」を失うようにも思えますが，論文は小説や随筆や感想文ではないのです。論文の主目的は，自分の仮説とその推論の明確な伝達です。ですから，序論で仮説や展開をはっきりと予告するのは，読者への最低限の礼儀です。

【考えるのは日本語でもいい】

さて，最後に現実的なアドバイスをひとつ。よほどの二重人格やバイリンガルでないかぎり，日本語で明晰な論文を書けない人が，英語でいきなり明晰な論文を書くことはないでしょう。つまり，論文作成の各種の作業を日本語で実践出来てこそ，英語でもスムーズにいくのです。

私たちの大半は，パソコンにたとえるならば，「日本語」というOS (Operating System) の上に，「英語で論文を読み書きする」というアプリケーションソフトを搭載しているのです。ですから，OSが遅ければアプリケーションソフトの処理速度もやはり遅いわけです。日本語の読書スピードを超えた速さで英語の論文を理解出来ることはまずありません。それなら，書くスピードだって同じことです。

どうやら，日本語運用能力も鍛えておかないと，英語論文の読み書きには間に合わないようです。メモをとったり，考えたりするのはやはり日本語でしょうから，この点は意外な

ネックとなります。新しい内容を発想したり，多様な考えをまとめる力やスピードは，各自の責任で鍛えるしかありません。その時に，メモの段階なら日本語で十分だと言えます。そう思うと，少しは気が楽になるでしょうか。

　それにしても，英語だろうが日本語だろうが，文章を書くというのは，出来上がった文章と書こうとする自分とのたえざる格闘です。そして，私の経験からすると，本文を書いていく途中で，作業仮説を部分的に修正しなくてはならない「発見」が生じるものなのです。時には全面改訂もあります。また，考えが行き詰まっているのに提出期日がせまって焦ったり，時には落ちこむこともあります。

　書くこと自体はかなり苦しい作業ですが，書きあげることは楽しい気分を味わわせてくれます。振り向くと，はるばる歩いてきたなという爽快感が生じます。これは書いた者にしか味わえません。それを求めてゴールを目指すのです。

おわりに 「英語論文の大海に乗り出そう」

【大まかな地図として】

　第1章から第5章まで続けて読んでいただければ，英語論文のインプットをしながら，アウトプットへ自分を向ける方法に関して，大まかなイメージをもてたはずです。さて，どうでしょうか。

　残念ながら，あとは実践あるのみです。手近な英語論文を取りだし（なければ，図書館でコピーしたり，書店へ直行です），マーカーやペンや鉛筆でチェックを始めましょう。パラグラフの主題文を探し，論文内容のチャート作りをするのです。レポートや論文を書くなら，こうした基礎作業は不可欠です。そして内容やポイントだけではなく，同時に英語の表現もいただきましょう。

　おわかりのように，この本は総覧的なマニュアルではありません。テーマを絞ったガイドブックです。道に迷った時に必要なのは，主要な道や目だつ建物を示した大まかな地図です。この本で物足りない人は，コラムにあげた参考文献を利用してください。どれもが先人の知恵のかたまりです。

【英語論文とつきあう理由】

　今後も，英語論文のたえざるインプットとアウトプットの循環のなかで調査し研究を続けることが，学問研究には必要でしょう。次々と新しいトレンドが生まれるわけです。もしも，インプット作業が滞ったら，新しい発想をもらえなくなります。やはり，アウトプットの 10 倍くらいのインプットの量がないと，なかなか自分の思考エンジンは始動しないでしょう。

　それに，21 世紀には，たとえ専門家でなくても，かなり専門的な知識が必要になります。社会問題が起きるたびに，多くの知識や考えや情報を参照しなくてはならない時代だからです。今まで以上に，「コンピュータ」，「環境ゴミ対策」，「DNA 操作」，「民族問題」など多くの難題が普通の生活にもかかってきます。どれも専門領域が複雑に絡み合った課題ばかりです。すばやく英語論文を読む技術は，高度に専門化が進んでいる中で，世界から必要な情報を手に入れる手段でもあるのです。

　そして，高度に専門的な知見を手に入れることで，私たちの周囲に今後起こる事象を予見したり，対策がとれない出来事への対応策を発見するためにも，世界の知恵を借りて切り抜けなくてはなりません。論文で示された知見を受けとめながら，解決策を探すしかないでしょう。

【インプットを忘れずに】

　この本で披露したコツや知恵の大半は，私の発見や発明で

はありません。学部から大学院の授業そして研究会などの折に，先生や先輩や友人から注意されたり教わった内容です。数多くの個人的な失敗に基づく経験則の集大成です。一部の「口伝」として受け継がれてきた内容をここに書き留めて本にしたわけです。その意味で多くの人による知恵の結晶でもあります。

　文系の英語論文ならば，ここにあげた注意点を守れば，出版されたばかりの最新の内容でも，見通しをたてて読めるはずです。少なくとも，あまり大きな失敗をしないですむと思います。まずは，安心感を得るのが大切です。そして，気持ちが落ち着くと，切り抜ける方法が見つかるものです。

　もちろん，代名詞の取り違えや，助動詞のニュアンスを間違わないのは基本です。こうした基礎的な部分は，手際よくクリアする必要があります。ただし，論文全体を流れで読めるようになると，不思議とこうした基礎技術も向上するのです。論文の先の展開を推理しながら読めたり，論理的に把握しようとする眼力がつくせいかもしれません。

　英語論文を英文解釈のレヴェルを超えて読むこと，つまりインプット出来るのが取りあえずの目標です。現在いささか安易に，発信型の英語が求められていますが，コミュニケーションの前提は，相手の言っている内容を正確に理解することです。赤ちゃんだって，言葉を覚えるために，両親をはじめとする周囲の言葉を浴びます。その上で会話が成立するわけでしょう。インプットなきアウトプットは自閉的です。そうした愚だけは避けましょう。

あとがき

　専門科目の英語論文を読んだり書くことにさんざん苦労した経験から書きました（今でも相当苦労しています）。さすがに，ここ20年ほどで少しは技術が上達しました。自分なりにコツをつかんだからです。この本ではそのコツを公開しています。

　英語論文のシャワーを浴びずに，いきなり専門のレポートや論文を書けるはずもありません。材料として新しい傾向の論文を紹介してありますので，気に入った論文を読むと，現在の学問の傾向がつかめるでしょう。

　私が今まで読んだレポートや論文の書き方の参考書は，大半を書式の説明に費やすことが多かったのです。文章表現や推敲といった材料を整理する段階の話です。でも，いちばん知りたいのは，論文になるおもしろい材料やアイディアをどこから見つけてきたのかという点です。興味があるのはそこです。

　しかしながら，たいていは何も書いてありません。そこで，英語論文を読みながら，どうやって論文のアイディアを「発明」するのかに関して現場報告も含めたこんな本を書いてみました。読書術と作文技術をむすぶ一種の思索術を示したつもりです。もとより，この試みが成功しているかどうかは，読者の方の判断にお任せするしかありません。

*

松柏社の森社長には，またお世話になりました。前著の『レポート・卒論の攻略ガイドブック』とは，違った角度から，こうした本を書きたいとする企画を出して，実現するまでの間に，21世紀になってしまいました。まったく当方の怠惰のせいです。何人かの友人に草稿を読んでもらい貴重な意見をもらいました。それもあわせて感謝します。

　読者のかたが，この本を使って，現代批評の波をかぶった新しい論文のインプットへの抵抗感が薄れるなら，それにまさる喜びはありません。ましてや，日本や世界の学問に寄与するアウトプットにつながってくれたなら，それは望外の幸福と言えるでしょう。

　　　　　　　　　　　　　　　　　　　　　　　　小野俊太郎

著者紹介
小野 俊太郎（おの・しゅんたろう）
1959年、札幌生まれ。
東京都立大学卒業。成城大学大学院博士課程単位取得中退。
著書『ピグマリオン・コンプレックス』（ありな書房、1997年）
　　『<男らしさ>の神話』（講談社選書メチエ、1999年）
　　『レポート・卒論の攻略ガイドブック』（松柏社、1999年）
　　『社会が惚れた男たち』（河出書房新社、2000年）
　　『日経小説でよむ戦後日本』（ちくま新書、2001年）
　　『いまさら質問できない英語・基本の基本』（松柏社、2001年）
共著『差異と同一化』（研究社出版、1997年）
　　『女性・ことば・ドラマ』（彩流社、2000年）
　　『カルチュラル・スタディーズ』（講談社選書メチエ、2001年）
　　『21世紀 文学の創造 男女という制度』（岩波書店、2001年）

英語論文のINPUTからOUTPUTへ

2002年9月30日　初版発行

著　者　小野俊太郎
発行者　森　信久
発行所　株式会社　松　柏　社
　　　　〒102-0072　東京都千代田区飯田橋1-6-1
　　　　TEL 03 (3230) 4813（代表）
　　　　FAX 03 (3230) 4857
　　　　e-mail: info@shohakusha.com

装幀　ペーパーイート
製版・印刷・製本　（株）モリモト印刷
ISBN4-7754-0015-0
略号＝6023
© Shuntaro Ono 2002   Printed in Japan
本書を無断で複写・複製することを禁じます。
落丁・乱丁は送料小社負担にてお取り替え致します。